忙しい
お母さんとお父さんのための
マインドフル ペアレンティング

Mindful Parenting
Finding Space To Be — In a World of To Do

子どもと自分を癒し 絆を強める 子育てガイド

スーザン・ボーゲルズ 著
戸部浩美 訳

北大路書房

Mindful Parenting
Finding Space To Be – In a World of To Do
By Susan Bögels

本文にて音声ガイダンスが利用できる箇所については，右のようなマークと該当トラック番号およびQRコードを表記している。なお，音声ガイダンスのデータは，下記より無料でダウンロードが可能である。

DL track 01

・北大路書房のホームページ http://www.kitaohji.com/

音声ガイダンスの
無料ダウンロードは
こちらから▶

きみに世界を見せてあげよう。
それがぼくの人生に価値を与えてくれる。

「まだ生まれていない娘への手紙」
カール・オーヴェ・クナウスゴール

日本の読者の皆様へ

私が日本の皆さんに向けてこのメッセージを書いている今、世界のほとんどすべての地域が、新型コロナウィルスの蔓延によって、出口の見えないリトリート（普段の生活を離れて静かに過ごすこと）を余儀なくされています。私の住むオランダでロックダウン（完全封鎖）が実施された最初の日、この本の訳者である浩美から東京で咲き始めたばかりの桜の写真が送られてきました。日本がとても近く、同時にとても遠く感じられ、思わず涙が込み上げてきました。

2019年1月、東京大学の招きで私は初めて日本を訪れ、非常に深い感銘を受けました。大学の先生方や学生の皆さんがそれは温かく迎えてくださり、人も多くて慌ただしいはずの東京の街はとても静寂で、人々は謙遜でありながら尊厳にあふれていました。高尾山に案内してもらったとき、その日は雲で見えなかった富士山や春に咲き乱れる桜の美しさについて聞き、ぜひ再び日本を訪れたいと思いました。

私が日本で得た最も偉大な学びは、与える精神です。日本に滞在中は毎日、大学での講義の前後に、朝早くから夜遅くまでいろんなところに案内してもらいました。朝早くに立ち寄った手打ちそばのお店では、とても美味しかったとお礼を言うと、そば茶を分けてくださいました。そして、高野山でたくさんのお地蔵さんを見た時に教えてもらった日本の昔話、「かさじぞう」の物語が今も私の心に残っています。

貧しいおじいさんが正月用の食べ物を買うために、かさを作って大晦日の日に町に売りに行きましたが一つも売れません。帰る途中、道端に並んだお地蔵さんの頭に雪が積もっているのを見たおじいさんは、持っていたかさ全部と自分のかさ、そして足りない分は手ぬぐいをお地蔵さんの頭にかぶせてあげました。家に着いてその話をすると、おばあさんはそれは良いことをしたと喜んでくれ、お腹はすいていましたが、とても幸せな気持ちで眠りに着きました。真夜中、遠くから声が聞こえてきました。外を見ると、かさをかぶったお地蔵さんと、一人だけ手ぬぐいをかぶったお地蔵さんがやってきて、おもちとごちそうを置いていってくれたというお話です。与えることによって豊かにされることをいつも思い出させてくれます。

私と子どもたちのために用意してくれた、たくさんのお土産を持って日本を後にしました。子どもたちは、自分のことを知らない

人からプレゼントをもらったことがないので、とても驚いていました。この本をオランダ語から英語に訳してくれた末娘のライラは、大のポケモン好きで、お土産にポケモンのぬいぐるみをもらい、とても喜んでいました。その後、浩美がオランダの我が家を訪問してくれたとき、私がこの本の出版記念のセミナーのために日本を訪れるときにはライラも一緒に来てはどうかと誘ってくれました。いつもは慎重な娘が、日本語を勉強している友達と行く決心をして、二人で材料を買ってきて寿司を作ったり、もともと好きな折り紙を作ったりして、日本への訪問を楽しみにしています。富士山に登り、山頂で泊まって、朝早く太陽が昇るのを見るのが待ち遠しいです。

それがいつ実現できるのか、今はまだだれも知りません。でも、まずはこの本が日本語で出版され、日本の皆さんに読んでいただけることをとても嬉しく思います。多くの時間と労力をかけて、心を込めて訳してくれた浩美と、そして素晴らしい本になるように尽力くださった北大路書房の若森さんと西端さん、そしてこの本を手にしてくださったあなたに心から感謝します。あなたが親であれ、祖

父母であれ、保育や教育の専門家であれ、この忙しい世の中で親であるということがどういうものかを体験している私が、この本を通してあなたと分かち合いたいと願ったことの中から、少しでも多くの善いものを得てくださるようにと願っています。私たちの子どもたちが幸せで健やかに成長しますように。そして、私たちがこの美しい地球とそこに住む生きとし生けるすべてのものを大切にできますように。

2020年4月15日　アムステルダムにて

スーザン・ボーゲルズ

『忙しいお母さんとお父さんのためのマインドフルペアレンティング』に寄せる賛辞

ついに、この分野で世界をリードする専門家による、親のためのマインドフルネスの本が世に出ました！スーザン・ボーゲルズと同僚たちは、10年以上の歳月をかけて、マインドフルネスが親にとってどのように、そしてなぜ、それほど役立つかを研究してきました。彼女は本書の中で、最新の知見とほほえましい個人的な経験、そしてよく配慮して選んだ実践方法を生活で生かせるように分かち合っています。知恵と率直さと価値判断しない態度に満ちた本書は、子育てする中で経験する最もやっかいなジレンマにどう対処すべきかを指し示す、力強い道しるべとなることでしょう。

クリストファー・ガーマー（Germer, C.）博士
ハーバード医科大学教員、『*The Mindful Path to Self-Compassion*』著者

「子どもがいてマインドフルネスをする時間がない！」仕事に家事に育児に追われて、自分のための時間をとるのは至難の業《わざ》です。何とか見つけた隙間時間もすでにやるべきことで埋めつくされ、瞑想する時間など、いったいどうやって見つけられるというのでしょう？　世界的に有名な心理学者であり、マインドフルネスの教師であるスーザン・ボーゲルズが、それを可能にする方法を本書で教えてくれます。短い瞑想ガイドは、一日のうちの数分間を自分のために使う助けになるでしょう。しかし、何よりも大切なのは、親として過ごす日課の中に、マインドフルネスのカリキュラムを組み込んでしまうことだと勧めています。簡単そ

うですか。そうですね。しかし、それを実際に思い出して実践するかは、それほど簡単ではありません。そこで、毎週新しい方法に取り組むことを提案しています。このようなスキルを養うことで、生活を変える助けになることが研究によって示されています。難しい状況でも自らの両足でしっかりと立ち、頭の中に飛び交う自己批判の声を静め、子どもや家族との関係を豊かにするのです。皆さんに心からこの本をお勧めします。

マーク・ウィリアムズ（Williams, M.）
オックスフォード大学　臨床心理学　名誉教授

人にとって最も難しい課題は親になることです。本書『忙しいお母さんとお父さんのためのマインドフルペアレンティング』はそれを果たすうえで大いに役立つでしょう。非常に明確な目的に合わせて具体的な活動が紹介されており、とても注意深く構成されたトレーニングプログラムです。これに沿って訓練するなら、自分がなり得る最高の親に近づいていけるでしょう。科学に裏付けされた、わかりやすく書かれた手頃な本書は、子育てに最善を尽くそうと悪戦苦闘している私たちすべての親が手に取って読むべき本です。子どもや青少年に関わるすべての人に心からお勧めします。

ピーター・フォナギー（Fonagy, P.）
ユニバーシティー・カレッジ・ロンドン　現代精神分析・発達科学分野　教授

まえがき

アメリカ合衆国ジョージア州オーガスタ
オーガスタ大学ジョージア医科大学
ニルバイ・N・シン（Nirbhay N. Singh）

親、中でも幼い子どもや様々な能力を持つ子どもの親は、常に待ったなしの状況にあります。やるべきことがありすぎて、「することモード」にはまっており、息つく暇もなく一日が終わってしまったことに気づきます。子どもたちのニーズを考えて頭も心もいっぱいになり、自動操縦的に過剰な反応をしがちで、あるがままを受け入れることができずに、「もっとこんなふうだったらよかったのに」とため息をつくのです。「あるがまま受け入れる」とは、仕方なくあきらめて受け身的に受容することではなく、ジョン・カバットジン（Kabat-Zin, J.）が「徹底した受容（radical acceptance）」と呼ぶものです。そのような瞬間に、自分の頭が作り出す考えを手放して初めて、物事のあるがままの真の姿を見ることができます。スワミ・ヴィヴェーカーナンダ（Vivekananda, S.）（訳注：インドのヒンドゥー教の出家者、ヨガの指導者）は、かつてこう言いました。「私たちは自分の考えによって作られている。だから、自分が考えることを大切にしよう。言葉は考えの後に作られる。考えは生きていて、遠くまで旅をする」。もしも私たちが心をトレーニングすることによって、考えを引き止めて呼び入れ、お茶とお菓子をふるまうのではなく、ただ通り過ぎるままにできたら、どうでしょう。子どもたちをもっとマインドフルに育てることができるのではないでしょうか。概念的なマインド（conceptual mind）（訳注：頭の中だけであれこれ考えてしまうマインド）を、もっと健康的に働かせるように訓練できたらどうでしょうか。子どもたちとただ一緒にいて、親としての自分の必要にも注意を払い、優しい思いやりを込めて自分や子どもたちと接することができるのではないでしょうか。

叡智に満ちたあらゆる伝統は、精神を従わせる術《すべ》を体験的に築いてきました。そうすることにより、人々がマインドフルネスを養い、体現できるようにしてきたのです。東洋的なマインドフルネスの概念は、100年をかけて一滴ずつ西洋に浸透してきましたが、ここわずか50年で急速に西洋の意識世界に流れ込みました。マインドフルネスの驚くべき成長のきっかけとなったのは、ジョン・カバットジンの「マインドフルネスストレス低減法プログラム」でした。それは、自分自身の心と体を使って痛みと苦悩に直面することを目指していました。マインドフルネス瞑想は西洋の言葉として使われるようになりましたが、マインドフルネスという言葉の意味はよく理解されないままです。それは翻訳される際、パーリ語の *sati*（サティ、あるいはサンスクリット語の smṛti《スムリティ》）の本来の意味が失われたからだけではなく、その意味や実践が、瞑想を教える教師自身が持つ霊的な背景や受け継ぎに影響されるからでもあります。ジョン・カバットジンは、マインドフルネスを「毎瞬立ち起こる経験に対して、意識的に、この瞬間に、価値判断することなく、注意を向けることによって得られる気づき」と定義しました。しかし、偉大な瞑想の師であるムニンドラがマインドフルネスについて示した見解のほうが、マインドフルペアレンティングに、より適しているでしょう。「毎瞬、経験し、毎瞬、生き、しがみつくことなく、非難することなく、価値判断することなく、選択しない気づき。私たちのあらゆる生活に統合されるべきもの。完全に気づきながら、いかに見て、いかに聞き、いかに匂いをかぎ、いかに食べ、いかに飲み、いかに歩くかについての教育である」。私たちが毎瞬毎瞬マインドフルであるとき、たとえ混沌とした日々の子育ての只中にあっても、一つ一つのその瞬間は無限の可能性を持つのでしょう。

マインドフルネスの実践によって得られるものの中で、日々の生活で経験する個人的な変化以上に素晴らしいものはありません。スーザン・ボーゲルズ（Bögels, S.）が本書で示しているのは、マインドフルペアレンティングへの正確な地図であり、ＧＰＳです。彼女が20年以上にわたって瞑想とマインドフルペアレンティングを続ける中で蒸留し、創り上げてきたこの宝物のような本を、妻と私が子育てをするときに手にしていたらどんなに良かっただろうと思います。しかし、孫育てには使えるので遅すぎることはありません。私がこの本が大好きな理由がいくつかあります。第一に、とても重要なことですがスーザンは幅広い臨床経験を持つだけでなく、アカデミックなキャリア、臨床の仕事、そして育児と何足ものわらじを同時にはいて、こなしてきているということです。だからこそ、子育て中の親の皆さんがどんな毎日を過ごしているかを知っているのです。第二に、この本のいたるところで、スーザン自身がどのように子育てをしてきたかが語られています。そして読者はその多くを自分自身の経験に重ね合わせることができます。スーザンは自分自身の悩みや成功談を紹介しながら、読者にも自分自身の子育て経験を承認し、受け入れるように勧めてくれています。マインドフルネスは、完全に前向きに子育てできるようにさせる魔法の杖ではありません。しかし、もしもあなたが正しい態度と意図を持ってマインドフルネスを実践し、マインドフルに子どもと共にいるなら、あなたにとっても、子どもにとっても、その結果は明らかなものとなるでしょう。第三に、スーザンは自分自身の瞑想実践の旅について詳細に書いています。彼女はまったくの初心者でしたが、あっという間にマインドフルネス瞑想の実践をマスターしました。そして自分の生活を支えるために瞑想の原則を活用する中でマインドフルペアレンティングプログラムを開発し、効果を確かめていったのです。彼女の前著である『マインドフルペアレンティング――メンタルヘルス専門職者用ガイド（*Mindful Parenting: A guide for mental health practitioners*）』〔邦訳は未刊〕は、専門職者のために書かれたものですが、本書は両親向けの本です。プロに教えてもらう必要はなく、ただ各章を読み、そこで教えられていることを実践すればよいのです。第四に、スーザン・ボーゲルズはほとんどの研究者・教育者にはないユニークなスキルを持っており、本書ではそれが発揮されています。アカデミックな本にありがちな仰々しい書き方ではなく、あたかも親の皆さんと会話しているかのような、大変読みやすい書き方をしています。具体例を示して、何をどうしたらよいか、それはマインドフルネスではどう呼ばれるかを紹介しています。難しいマインドフルネスの概念を実に親しみやすく、とっつきやすく書いているので、私の祖母であっても「それはどういうことなの？」と質問せずにわかるのではないかと思うほどです。

あなたは本書を学ぶにつれ、この本を愛し、他の親に勧めたいと思うようになるでしょう。11章からなる本書には、マインドフルネスの実践が網羅されています。どうか自分のペースで各章を読み、そこに書かれている内容にしっかりと浸り、わかりやすく簡潔に書かれている説明のとおりに実践してみて、自分の生活、そして家族や友達の生活を変えていってください。あなたが実践を続けることによって、その影響は皆さんが出会うすべての人に、波紋のように広がっていくでしょう。もちろん、本書を読むだけでは不十分です。読むことでマインドフルネス瞑想を頭で理解することはできるかもしれませんが、他のあらゆることと同じように、この中で教えていることを実践していかなければ、その知識は色あせ、消え失せてしまうでしょう。

Dhira——自立

間近でじっくりと見てごらん、私の心よ
すべてのものがどのように生まれ、去っていくのかを

このページに存在する物が
音や考えに変わっていく様を

たった今、静かに独り言を語る言葉を

行くべき道を見つけるのに
標識を見る必要がなくなったとき
本や地図は途中までの道しか
示してはくれないことに気づくだろう

そこに直接通じる道があるのだ

(Matt Weingast, *The First Free Women: Poems of The Early Buddhist Nuns*, 2020)

そこに直接通じる道とは、マインドフルネス瞑想です。瞑想の教師が強調するように、何万回読むより、10回の実践が大切です。本書を読み、実践し、実践し、実践してください。

はじめに

私は、研究や臨床での仕事と個人的な生活から得た経験によって、マインドフルペアレンティングを開発するにいたりました。以前私は研究者として、対人不安症や赤面恐怖症といった問題において「注意（attention）」が果たす役割について研究していました[1][2][3]。私たちは誰かと一緒にいて、緊張したり恥ずかしく感じたりする場合（例えば魅力的な人や、職場で尊敬している人と話しているときなど）、相手の目線で自分を見て、相手は自分のことをどう思っているだろうと心配しがちです。すると、相手との会話や、その瞬間に目の前で起こっていることはそっちのけで、自分にばかり注意を向け、自分についてありもしない話をあれこれ創り上げてしまうのです。その話がネガティブなものなら、緊張や恥ずかしさは強まり、余計に赤面し、さらに心配を募らせることになります。

私は研究グループと共に**課題集中トレーニング**（task concentration training：TCT）という治療法を開発しました。これは対人不安症や赤面恐怖症を持つ人々が、自分の注意が対人関係に向けられていることに気づき、もっと健康的な方法で注意を別のことに向けられるようにするためのトレーニングです。このTCT療法が有効であることを示す最初の論文[4]が1997年に発表されたとき、イギリスのアイザック・マークス（Marks, I.）教授からメールが届き、「これはマインドフルネスと同じではありませんか」と尋ねられました。当時マインドフルネスについてまったく知らなかった私はとても尊敬する研究者に愚かだと思われたくなかったため、マインドフルネスに関する科学論文を調べてみました。そして、ヴィパッサナーのグループに入り、自分でも瞑想を始めるほど夢中になってしまったのです。

私は、うつのためのマインドフルネス認知療法（Mindfulness-Based Cognitive Therapy: MBCT）[5]を開発した研究者の一人であるマーク・ウィリアムズ（Williams, M.）教授をオランダに招きました。私と同僚たちにマインドフルネスをトレーニングしてもらうためでした。成人を対象とするセンターと児童を対象とするセンターの両方からメンタルヘルス専門職スタッフが参加しました。成人向けのセンターでは、すでに対人不安症のためのマインドフルネスの研究[6]を計画していましたが、トレーニング後、児童向けのセンターでもマインドフルネスの研究に興味を持つようになりました。そこで2000年、主に注意欠如・多動症（ADHD）、自閉症、行動障害などを持つ子どもたちを対象としたパイロット研究を行いました。ほとんどの子どもたちが親と同居していることから、親に対しても「マインドフルペアレンティング」のコースを提供しました。親子双方にアプローチすることによって、問題は軽減し、子どもたちの注意制御が改善したのです[7]。親たちも「子どもに制限を与えられるようになった」「もっとよく眠れるようになった」など、目標としていたことがよく達成され、多くの人がもっと早くトレーニングを受けたいと望むようになりました。

そこで私たちは、マインドフルペアレンティングを独立させ、親のためのグループトレーニングとして開発したわけです。２００８年、私はヨーク・ヘレマンズ（Hellemans, J.）と共に、親のみのグループに最初のトレーニングを行いました。参加者は、子どもの問題や子どもとの関係性の問題、育児がうまくいかないといった理由で私たちのセンターに紹介された親で、その子どもは、乳幼児から成人まで幅広い年齢層の子どもたちでした。

最初の10グループを対象にした研究では、育児ストレスの減少、育児スキルの向上、親子双方の不安、抑うつ、注意欠如・多動症、問題行動の減少が見られました[8]。

次の10グループを対象にした研究では、より多くの親がよりマインドフルな育児ができるようになり、子どもたちの症状が軽減しました[9]。次の研究では特別なメンタルヘルスケアを受ける施設に紹介されていない、一般の親子を対象にその効果が証明されました[10]。そしてついに、育児を改善することが、子どものいくつかの問題（例：不安、うつ、注意欠如・多動症）の改善に関連していることを発見したのです[11]。

２０１４年、メンタルヘルス専門職者向けに臨床・科学的な視点でマインドフルペアレンティングプログラムを紹介する本を共著で出版しました[12]。本書には、それとほぼ同様の内容が含まれていますが、より最新の知見を、日々の生活に取り入れやすい形で紹介することで、マインドフルペアレンティングの理論や実践に浸り、じっくりと味わえるようになっています。これまで20年にわたってこのアプローチを教えてきた経験と、私や他の研究グループが子どもの発達とウェルビーイング（健康と幸福）において「注意」が果たす役割に関して取り組んだ研究から得た科学的な知見をまとめた集大成とも言えます。また、私自身の被養育経験や育児経験、そしてトレーニングやリトリート（静寂の中で瞑想を行うための集まり）の中で、また自分の家で行った瞑想やマインドフルネスの体験から得たインスピレーションや学びも含まれています。

現在子育て中の親や将来親になる方、養父母、義理の親、祖父母、保育者、あるいはマインドフルネスを育児や他の人間関係にどう応用できるかを学びたい方など、あらゆる立場の皆さんがこの本に価値を見いだしてくださるように願っています。あなたの愛する人、過去・現在・未来にわたってあなたが人生で関わるすべての子どもたち、そしてあなたのインナーチャイルド（内なる子ども）が、この本によって幸いを得られますように。

文献

[1] Bögels, S. M., Rijsemus, W., & De Jong, P. J. (2002) Self-focused attention and social anxiety: The effects of experimentally heightened self-awareness on fear, blushing, cognitions, and social skills. *Cognitive Therapy and Research, 26*, 461-472.

[2] Bögels, S. M., Alberts, M., & de Jong, P. J. (1996) Self-consciousness, self-focused attention, blushing propensity and fear of blushing. *Personality and Individual Differences*, *21*, 573-581.
[3] Bögels, S. M., & Lamers, C. T. J. (2002) The causal role of self-awareness in blushing-anxious, socially-anxious and social phobics individuals. *Behaviour Research and Therapy*, *40*, 1367-1384.
[4] Bögels, S. M., Mulkens, S., & De Jong, P. J. (1997) Practitioner task concentration report training and fear of blushing. *Clinical Psychology and Psychotherapy*, *4*, 251-258.
[5] Segal, Z. V., Williams, J. M. G., & Teasdale, J. D. (2012) *Mindfulness-based cognitive therapy for depression* (2nd ed.) New York: Guilford Press. Z・V・シーガル，J・M・G・ウィリアムズ，J・D・ティーズデール（著）越川房子（監訳）(2007) マインドフルネス認知療法──うつを予防する新しいアプローチ［第1版］ 北大路書房
[6] Bögels, S. M., Sijbers, G. F. V. M., & Voncken, M. (2006) Mindfulness and task concentration training for social phobia: A pilot study. *Journal of Cognitive Psychotherapy*, *20*, 33.
[7] Bögels, S., Hoogstad, B., van Dun, L., de Schutter, S., & Restifo, K. (2008) Mindfulness training for adolescents with externalizing disorders and their parents. *Behavioural and Cognitive Psychotherapy*, *36*, 193-209.
[8] Bögels, S. M., Hellemans, J., van Deursen, S., Römer, M., & van der Meulen, R. (2014) Mindful parenting in mental health care: effects on parental and child psychopathology, parental stress, parenting, coparenting, and marital functioning. *Mindfulness*, *5*, 536- 551.
[9] Meppelink, R., de Bruin, E. I., Wanders-Mulder, F. H., Vennik, C. J., & Bögels, S. M. (2016) Mindful parenting training in child psychiatric settings: heightened parental mindfulness reduces parents' and children's psychopathology. *Mindfulness*, *7*, 680-689.
[10] Potharst, E. S., Baartmans, J. M. D., & Bögels, S. M. (2018) Mindful parenting in a clinical versus non-clinical setting: An explorative study. *Mindfulness*, 1-15.
[11] Emerson, L. M., Aktar, E., de Bruin, E., Potharst, E., & Bögels, S. (2019) Mindful parenting in secondary child mental health: key parenting predictors of treatment effects. *Mindfulness*, 1-11.
[12] Bögels, S., & Restifo, K. (2014) *Mindful parenting: A guide for mental health practitioners*. New York: Springer, Norton.

Contents

導入

私が幼い頃のオランダは、女性が仕事を辞めさせられる時代でした。そんな中でも、私の母は5人の子どもを育てながら、アーティスト兼ファッションデザイナーとしてフルタイムで仕事をこなし、とても豊かな交友関係を楽しみ、実に多くの事柄に関心を持っていました。毎日学校から家に帰ると、母の代わりにベビーシッターが迎えてくれました。母に電話がかかってきたら、6時以降にまた電話をくださいと答えました。実際母は6時には家に戻り、夕飯を作ってくれました。積もる話を聞いてもらうために母が帰るのを待つのは、私たち子どもにとって苦ではありませんでした。ただ、なぜ母はいつも急いでいるのだろうか、とか、なぜ食べ物に十分火が通ってなかったり、あるいは焦げていたりすることがよくあるのだろうか、とは思いました。

自分が親になってからもやはり同じように二足のわらじを履いた生活をしていたので大変でした。仕事に対する情熱と、子どもたちと――精神的にも物理的にも――一緒にいたいという気持ちの板挟みに悩んだものです。心理療法家としてトレーニングを受けている間、一人目を妊娠していました。トレーニングの中で自分が親からどのように育てられたかについて一人ずつ話すように言われたのですが、私が話したとき、別の参加者から「お母さんとはかなり違った方法で子育てするつもりですか」

と聞かれ、驚きました。私は母と同じように子育てをしたかったからです。仕事と子育てと他の興味関心とをすべてバランスよく楽しみたいと思っていたのです。ぎゅっと中身のつまった人生を送りたいと思っていました。西欧社会にマインドフルネスを確立したジョン・カバットジン（Kabat-Zinn, J.）が「完全に混沌とした生活（full catastrophe living）」と呼んだように[1]。

それから数年後、子どもたちも幼く、仕事のキャリアもスタートしたばかりのとき、私は瞑想に出会いました。最初は入浴と合わせてできるようにお風呂の中で瞑想したり、運動しながら瞑想できるようにヨガをしたりもしました。何もせずにただ体の感覚を感じたり、自分の考えを観察したり、静寂に耳を傾けたり、今この瞬間に存在するために時間をとるのはとても難しく思えました。一方、家庭生活で「何もしない」ことのほうがずっと簡単に思えました。ただ子どもたちと一緒にいて、子どもたちを眺め、子どもたちの話を聞き、子どもたちの生活の素晴らしい神秘を感じるとき、他のどこに行く必要もなく、ただ子どもたちと一緒にいさえすればよいことに気づくことができました。

自分に注意を向けることよりもっと面白いことがたくさんあるのに、クッションに座って静座瞑想に精を出すのは大変すぎると思いました。そうすることによって自分の育児、子ども、一緒に過ごす宝物のような時間にはるかにもっと気づけるようになるとわかるまで、しばらく時間がかかりました。

では、マインドフルペアレンティングとは何を意味するのでしょう。

まず、**ペアレンティング**（子どもの養育・育児）とは何を意味するのかについて考えてみましょう。

レアリング（rearing）や**レイジング**（raising）（訳注：どちらも（子どもを）育てるという表現で使われる語）と表面的には同じかもしれませんが、実際はもっと深い意味があります。どれも、シェルターと養いを与えることは共通していますが、ペアレンティングには、子どもを身体的にも精神的にも独立した生活に備えることが求められ、尽きない努力や心配が伴います。子どもたちが社会で役立つ一員となれるように人格を形成し、発達させようとするときに生じるのが**育児ストレス**です。

育児ストレスはどんなことから生じるのでしょう。親が「うちの子は大丈夫だろうか」「ちゃんとした仕事に就けるだろうか」「幸せになれるだろうか」という疑問を抱くときや、親とそれ以外の役割を果たす中で生じる他、数々の要素が関連しています。育児ストレスは、私たちの見方を狭め、育児の喜びを台無しにし、私たちを衝動的で、予測不能な、恐ろしい存在にしてしまいます。育児ストレスは家庭環境を形成し、子宮にいるときから、子どもに影響を与えます[2]。

ここまでは一般的な育児について考えてきましたが、では、マインドフルペアレンティング、マインドフルな子育てとは何でしょう。

ジョン・カバットジンは、**マインドフルネス**を「今この瞬間（の経験）に、価値判断を加えずに、意図的に注意を向けることによって得られる気づき」と定義しています。彼はマインドフルネスストレス低減法（Mindfulness-Based Stress Reduction: MBSR）[1]のトレーニングプログラムを開発しました。このアプローチによって、人々は比較的短期間でストレスを軽減し、生活の質を高めることができました。１９９８年にジョン・カバットジンとマイラ（Kabat-Zinn, M.）夫妻は『エブリデイ・ブレッシングズ――マインドフルネスの子育て 気づきと内なる成長の舞台（*Everyday blessings: The inner work of mindful parenting*）』[2]を著しました。私の知る限り、マインドフルペアレンティングという言葉が初めて使われたはこのときだったと思います。私がキャスリーン・レスティフォ（Restifo, K.）と共に『マインドフルペアレンティング――メンタルヘルス専門職者用ガイド（*Mindful parenting: A guide for mental health practitioners*）』[3]を出版したとき、ジョンとマイラは私たちのためにマインドフルペアレンティングを新たに定義づけてくれました。

マインドフルペアレンティングは、最終目的地ではなく、継続する創造的なプロセスである。育児を含め、生活の中で経験するすべての事柄に、できる限り意図的に、価値判断を加えずに、今この瞬間に気づき続けることが必要である。自分自身の思考や感情、体の感覚に気づくことと、子どもたちや家族、家庭、そして自分たちが暮らすより広い文化の風景にも気づくことが含まれる。この実践を続けていくことで以下のことを身につけることができる。

（１）子どものユニークな性質、気持ちや必要とすることにもっと気づけるようになる。
（２）子どもと一緒にいる能力、子どもの話に十分に注意を向けて耳を傾ける能力が増す。

（3）快・不快にかかわらず、物事や状況を今この瞬間のあるがまま気づき、受容することができるようになる。

（4）自分の衝動的な反応に気づき、より適切に、想像力を働かせながら、より明確さと思いやりを持って対応できるようになる。[4]

本書では、ジョンとマイラが定義したマインドフルペアレンティングの側面を全11章にまとめました。自主学習コースを受講するつもりで、毎週1章ずつ読み、それに関連した実践を行ってみてください。でももちろん、どうするかはあなた次第です。どのような形で本書を活用するにせよ、最初の私のように、マインドフルネスについて読むのと実践するのと同じだと勘違いしないでいただきたいということです。マインドフルネスと瞑想の原則を自分のために実践して初めて、知識は私たちのものとなり、身に「つく」のです。自分で経験することは不可欠です。ですから、マインドフルペアレンティングについて「考える」のではなく、「実行」してみてください。意図を持って、価値判断することなく、今ここに注意を向けながら、急いで読み終えようとせずに、各章をマインドフルに読んでください。そのためには十分な時間が必要です。

各章の終わりには、その週に行う実践がいくつか紹介されています。（皆さんも私のようにマインドフルネスのとりこになったら、その週だけでなく、一生取り組むことになるかもしれません。）実践の中には、音声ガイダンスがついているものもあります。本を購入した方は、北大路書房のホームページ（http://www.kitaohji.com/）や訳者のホームページ（http://familyresilienceproject.net/）からダウンロードすることができます。実践する中で経験したことを記録するようにお勧めします。ノートに書いても、コンピューターに入力してもよいでしょう。ぜひ、日記のように続けて記録してください。マインドフルネスの経験や自分の進歩についての貴重な記録として、必要になるたびに、何度でも読み返すことができるでしょう。

そして何よりも、マインドフルネスを実践してこんなふうになったらいいな、という期待はすべて忘れてください。実践を楽しむ必要もなければ、目に見える結果を得る必要もありません。マインドフルペアレンティングを（どんな育児でも同様ですが）実践していくうえで本当に大切なのは、体験そのものなのです。

文献

[1] Kabat-Zinn, J. (2013) *Full catastrophe living, revised edition: How to cope with stress, pain and illness using mindfulness meditation*. London: Hachette UK. J・カバットジン（著）春木 豊（訳）(2007) マインドフルネスストレス低減法［第1版］ 北大路書房

[2] Kabat-zinn, M. & Kabat-zinn, J. (1998; 2014) *Everyday blessings: The inner work of mindful parenting*. London: Hachette UK. M・カバット-ジン、J・カバット-ジン（著）大屋幸子（訳）(2017) エブリデイ・ブレッシングズ――マインドフルネスの子育て 気づきと内なる成長の舞台 サンガ出版

[3] Bögels, S., & Restifo, K. (2014) *Mindful parenting: A guide for mental health practitioners*. New York: Springer, Norton.

[4] Kabat-Zinn, M., & Kabat-Zinn, J. (2012) M・カバットジン、J・カバットジン 個人的会話

第1章

マインドフルペアレンティング

先入観を持たずに、ただそこに存在すること

十分に注意を払わなければ、私たちと共に残るものは何もない。

無償で行うことの中でも、育児は私たちが自分のほとんどの時間を使い、ほとんどの注意を傾けている（少なくともそう感じている）仕事の一つです。それについてばかり話し、うまくいかないときには何よりも心配します。父親も母親も、子どもと共に過ごす時間は増えていることが研究で示されています。1965年、母親が子どもたちと過ごす時間は平均で週10・5時間、父親は2・6時間で

した。2010年には、母親13・7時間、父親7・2時間に増えています[1]。一日当たりに換算すると、母親2時間、父親1時間なので、まだ多いとは言えませんが、この50年弱の間に母親が外で働く時間は劇的に増加しましたし、父親の労働時間も減ったわけではありませんから、母親や父親はどこでその時間を見つけたのでしょうか。

時間は、注意を向けるのに必要な条件ですが、それだけでは十分ではありません。このような研究で決して尋ねられたことがないのは、日々子どもたちと過ごす中で、何回子どもに注意を向けていますか、という質問です。思い描いてみてください。自分の子どもが学校から帰ってきて、今日一日どうだった？　という質問に答えて、子どもが元気な、長々と話すのを聞いているとき、皆さんは「メールに返信して、あれを買って、他の子を迎えに行かないと」などと別のことを考えています。子どもが話してくれる楽しい一日の出来事を聞きながら、うなずいたり、ほほえんだり、「すごいね、よくやったね」と答えてあげたりしたほうがいいとわかっていながら、十分に注意を払わず、話半分で聞いています。運が良ければ、子どもがそれに気づいて「ちゃんと聞いてない！　さっき話したのに、聞いてなかったの？」と言ってくれることもあるでしょう。

リエンハード・バレンティン（Valentin, L.）は、マインドフルネスと育児に関して情熱を込めて本を何冊か書き、出版していますが[2]、私はあるとき、彼からドイツでマインドフルペアレンティングのコースを教えてほしいと依頼を受けました。ドイツに行ったとき、彼は私にハンガリーの孤児院のビデオを見せてくれました。そのビデオの中で、親に捨てられた乳幼児が、マインドフルに子育てをする訓練を受けた保育士の世話を受けていました[3]。保育士が一人ひとりの子どもの世話に費やす時間は他の孤児院と変わりません。でも、例えばおむつを変えるとき、保育士は泣いている他の赤ちゃんのことは放っておいても、目の前のその赤ちゃんに100%の注意を向けるように訓練されています。

早産とトラウマが原因で重度の発達障害のある赤ちゃんと保育士のやりとりを見ました。起こしても起きず、ほとんど反応もなく、何をしたいのか、したくないのかもわからない状況でした。保育士は穏やかで、愛情にあふれた様子で、自分に託された赤ちゃんに対して非常に集中して注意を払っていました。それは、目の前にいる、いたいけな、傷つきやすい、完全に自分の世話に依存している幼な子に対する深い信頼と自分自身に対する信頼に根差していました。保育士は自分の動作すべてを言葉で、また言葉以外の方法で表現していました。赤ちゃんのほほをなでている彼女の手の甲を感じることができるほどでした。注意をまったくそらさずに赤ちゃんを見つめ、その声に耳を傾け、赤ちゃんが出すどんな小さな合図も見逃さずに対応していました。周りの赤ちゃんの泣き声が絶え間なく聞こえても、それにはまったく注意を向けず、今この瞬間、目の前にいる赤ちゃんに、完全に集中し、没頭していました。

その後、同じ保育士がもう少し年長の男の子の着替えを手伝う様子を見ました。このときも先ほどと同じように、その子だけに集中し、無条件の愛に満ちた注意を向け、完全にその子一人だけと過ごすその瞬間に没頭していました。その男の子が着替えに関係ない行動をしても、一つ一つの動作に注意深く対応していました。その男の子は自分のペースで、好きなだけ時間をかけて着替えをしていました。男の子にとっては、この着替えの時間こそが保育士と二人だけで過ごせる時間だったのです。保育士は2枚のセーターのうちの1枚をゆっくりと選ばせ、男の子は1枚を指さし、また別の1枚を指さして、遊びながら選んでいました。私はその様子を見ながら、イライラする気持ちはまったく感じませんでした。むしろ、保育士とその子どもが共有する着替えの時間が、その瞬間で止まっているかのように思えるほどでした。このようなやりとりや、共に過ごす瞬間に注意を払う様子を見ていると、保育士は、子どもは必ずやがては着替えを終え、それに続いて他のすべての子どもたちも着替えを終えるという信頼を持っているのを感じました。

周りの子どもたちが騒ぎ、泣きわめいているのにもかかわらず、私は二人を見ながら、深い平安と静寂を感じました。他の子どもたちも、今は待たされていても、やがて自分も保育士とそのような時間を持つことができ、すべての注意を向けてもらえるとわかっていたので、心穏やかでいられたのです。短いながらも、完全に意識を向けたやりとりを通して、子どもたちは自身のトラウマを癒すことができたのです。

子どもたちは親や他の保育者が自分に向けてくれる注意を通して自分自身を知るようになります。

これは「ミラーリング」として知られています[4]。親は、気づかないうちに子どもの表情をまねるものです。子どもの顔の表情を注意深く読み取り、子どもの動作や声をまねすることによって、子どもが欲しているものを理解しようとするのです。親（あるいは他の保育者）が成長過程の子どもに対してこのような注意を向けることは、食べ物や酸素と同じように子どもが生きていくうえで不可欠です。子どもは、それを通して自分が統合した存在であることを体験するようになります。自分の中心、自分自身、自分と周りの世界とのやりとりが始まる所、新たな印象を受けて心がいっぱいになったときや他の人が自分のために時間をとれないとき（孤児院にいる場合など）に戻るべき所、を感じられるようになるのです。本書で「中心にいる（centered）」という言葉を使うとき、私たちが瞑想を通して養うことのできる態度、そして子どもたちが親や保育者との注意深いやりとりを通して身につける態度を示しています。

子どもは、自分が気づいた物に親の注意を向けさせようと指をさしたり、話せる子どもの場合は、「見て」「聞いて」「感じて」「食べて」と言ったりします。この過程は**注意の共有**（joint attention）と呼ばれ、健全な発達を示す重要な指標と考えられています。自閉症やうつの子ども、ネグレクト（育児放棄）を受けた経験のある子どもは、このような行動が遅れたり、少なかったりします[5]。親と子どもが何かに対して一緒に注意を向けることにより、子どもは集中できるようになります。親が何かに本当に集中していたら、子どもは「それはきっと大切なことに違いない」と感じ、親の励ましによって、子どもはもっと注意して、もっと長く、もっと頻繁にそれを見るようになるのです。親があまり

「ミラーリング」行動をしなければ、つまり、子どもが感じることや語ることや行うことに注意を向けなかったり、子どもが指さす物を見なかったり、あるいは見たふりをするだけだったりするならば、逆の効果が及びます。子どもは自分自身に対する感覚を育まないでしょうし、自分を統合された完全な存在としてとらえないでしょう。子どもは集中せず、「中心にいる」ことなく、物事に対する注意の向け方は少なく、短く、表面的なものにしかなりません。

人間の子どもは、他の動物の子どもに比べて、親の世話を受けずに生存できるようになるまでに最も長い期間が必要です。これは、子どもの頭蓋骨の大きさ、つまり脳、特に前頭葉の大きさに関連しています。私たち人類が他の動物と特に違う特徴の一つですが、そのように大きな脳を発達させるためには、歩いたり、食べ物を得たり、自分を守ったりできるようになるよりもずっと前の、発達段階のごく早い時期に生まれる必要があります。だからこそ、人の子どもを育てるためにそれほど多大な労力が必要なのです。私たちは親として進化してきました[6]。私たちの子育ての仕方は、自然淘汰され、形作られてきました。より多くの子どもが成人に達する方法が、次世代に引き継がれてきたといえるでしょう。進化の歴史の中で、一人の母親がそれほど頻繁にそれほど長い間子どもを食べさせなければならないとしたら、母子だけでは外からの攻撃に対して無防備になってしまうため、父親や祖父母、兄弟やより広いコミュニティーに、保護と食べ物を頼るようになったのです。このようにして、ヒトは群れで子育てをするようになりました。「一人の子どもを育てるのに村全体が必要だ」という表現は、そこから来ています。

このように共同体で子どもを育てる方法は、現代社会ではほとんど残っていません。大家族ではなく、核家族で暮らす人が多く、特に街中では、社会的な親密性や統制はほとんどありません。両親が働く間、祖父母や他の親族、友達や近所の人ではなく、お金を払って専門の保育士やベビーシッターに見てもらうようになっています。

子どもの世話をするには実にたくさんのことが関わってくるので、長い長い「することリスト」が必要になります。一つ一つをやり終えるのに一生懸命で、どれ一つ十分な注意を向けないまま終わってしまうのです。このような状態を**「することモード」**（doing mode）[7]と言います。多くのことを成し遂げ、問題を解決し、やり終えたこととまだやり終えてないことを意識している状態です。「することモード」は、子どもたちに食事をさせたり、家を掃除したり、仕事に行ったりという、私たちがよく把握している課題を効率的にこなしていくのに役立ち、意識して気づくことはあまり必要ありません。私たちが「することモード」にあるとき、普通は、自動操縦（訳注：飛行機の自動操縦モードのように、何も意識しなくても身体が目の前の課題を処理している状態を示す）の状態にあり、習慣的に行うデフォルトモード（訳注：脳が意識的な活動を行っていないとき、無意識に行っている状態を意味する。意識的に活動しているときよりもはるかに多くのエネルギーを清算し、脳を疲れさせることが研究で明らかになっている）にあります。多くの場合、考えが先行しているのです。仕事場に車で向かいながら、翌日のことを考えたり、子どもを学校に送りながら、迎えは誰が行くかを考えたりといった具合です。子どもたちも幼い頃から「することモード」を身につけています。親や学校から「急がないと遅刻するわよ！　宿題が終わったら、アイスクリームを食べていいよ。ぐずぐずしないで！」と言われ、植え付けられているのです。

一方、私たち人類に生来備わっているもう一つのモードがあります。それは**「あることモード」**（being mode）[7]です。この状態にあるとき、私たちは「今」とつながっていて、今のこの瞬間に起こっている事柄を味わうことができ、あるがままを受け入れることができます。快、不快、どちらでもない感覚（自分自身と他の人の）に対しても、オープンに受け入れることができ、その経験を変えようとしたりはしません。穏やかで、落ち着いていて、集中しています。生来、子どもたちは「あることモード」にいます。学校に向かって歩きながらも、時間や行き先を考えたりはせず、花を見たり、水たまりに飛び込んでみたりして、今この瞬間、この場所に集中しています。

私は、この二つの心の状態について学んでから、あることを習慣にしました。それは、黄色いメモ用紙に「すること」リストを書くときは必ず、ピンクやブルーのメモ用紙に「あること」リストも書いて、人生の本来あるべき姿を思い出すようにしたのです。誤解しないでほしいのは、「すること」リストを書き出して、様々なことを成し遂げて、脳の報酬中枢を活性化するのはとても価値あることです。何かをやり遂げて、チェックを入れるとき、「よくできました！」と自動的に自分にご褒美をあげていることになります。でも、課題をやり遂げたり、目標を達成したりするうえで大切なのは、「することモード」と「あることモード」をバランスのとれた状態にするということです。

するとリスト（訳者により一部改変）

□大輔の誕生日プレゼントを買う
□美香をスイミングに連れていく
□大輔が宿題をなくしたことについて学校に電話する
□沙紀を耳鼻科に連れていく
□沙紀の遠足の準備を手伝う
□大輔が学校に提出する課題を手伝う

to do

あることリスト

□穏やかである
□注意を向けている
□忍耐強くある
□一緒にいる
□この瞬間を楽しんでいる

to be

子育て自体が、人生の「すること」リストの一つの項目、あるいは成功しなければならない事柄になってしまっているように思えます。その成功の基準とは、美しさ、教育、達成、社会スキルといったもので測られます。その基準に照らし合わせて、自分の子どもと、もっと優れているように見える他人の子どもを比べます。また、雑誌に載っているクリスマスの家族写真にも影響されます。明るく、こぎれいな家、豪華にデコレーションされたテーブルにおいしそうなごちそうが並べられ、家族みんな見目うるわしく、スリムで髪型もお化粧も完璧で、笑顔で食卓を囲んでいます。

私が幼い頃、家族で過ごしたクリスマスの思い出は、そんなイメージとはかなりかけ離れています。オーブンに入れるのが遅かったために七面鳥は生焼けでしたし、父がテーブルに出した七面鳥のお腹から、臓物の入ったビニールが溶けて出てきたときには、まったく笑える状況ではありませんでした。子どもたちはけんかしたり、ふざけて笑っていたりしていたため、父に叱られて一人ずつ2階に行かされ、結局クリスマスの食卓に残ったのは、ひどく不機嫌でみじめな父と母の二人でした。想像するに、父も母もクリスマスのディナーはこんなふうに過ごしたい、にぎやかで、七面鳥はこんがりおいしそうに焼けて、それを切り分けるのは誰で、子どもたちは行儀良くふるまって……と、期待を抱いていたことでしょう。

クリスマス休暇の間、両親は明らかに「することモード」にあり、期待と現実のギャップを嫌というほど味わっていました。私たちは子どもながらに、いろんなことがうまくいかなかったらどうしようという緊張や恐れを抱き、そして実際にうまくいかなかったときには寂しさを感じていました。でも、もしもあのとき両親がマインドフルペアレンティングのクラスを受け、「あることモード」について学んでいたらどうだったでしょうか。口げんかの絶えない子どもたち、生焼けの七面鳥、溶けたビニール、自分の欠点とお互いに対する満たされない期待を目の前にして、実際の姿でないものに変えようとするのをやめていたら、どうなっていたでしょう。もしも母が本当に注意して七面鳥を調理していたら、もしも母が、父や私たちにどんな助けを頼めばよいかということに気づいていたら、どうだったでしょう。あるいは、もしも父が本当に心を開いて注意を母に向けていたらどうだったでしょう。五人の子どもの世話で疲れ果て、フルタイム以上の仕事をこなして、多くの人との付き合いも欠かさない母は、料理よりも絵を描くことのほうが好きだということにもっと注意を向けていたら、父が自分で七面鳥をオーブンに入れてあげて、母を喜ばせてあげることもできたかもしれません。

イースターの思い出はもっと幸せなものでした。母はポーランド出身の曾祖母から受け継いだ伝統にならって、私たちと一緒に卵の殻に色づけをする活動をしてくれました。クレヨンを溶かして、温かい、丸みを帯びた卵の表面に絵を描くのです。その後、卵を様々な色の水に浸して、ろうを塗ったところが、白く浮き出るのをわくわくしながら眺め、それから卵がピカピカに光るようにとバターを塗って磨きました。クレヨンの中のろうが溶ける匂い、色水に入っていた酢の匂い、そしてバターの匂いを今もよく覚えています。今でも、毎年イースターになると、自分の子どもたちと同じ伝統行事を楽しんでいます。

子育てや家族の生活の中での「あることモード」とは、子どもたちやパートナーや自分自身に対して、何も変えようとせずに、あるがままの真の姿を見るということを意味します。それを習得するのにいちばん簡単なのは、天気で練習することです。私たちが毎朝家を出るとき、外の天気をコントロールすることはできません。自分を取り巻く状況にあらがおうとせず（雨や風や寒さのためにうなだれたり、肩を落としたりせず）、この日の、この天気に対して、心を開き、受け入れる態度を養い育てることができます。顔にかかる雨や、頭を通り過ぎる風や、肌で感じる寒さが、どんな感覚なのかを味わうのです。もっと違う天気だったらよかったのに、という考えを完全に手放して、今この瞬間のあるがままの天気を味わうのです。

オランダの北海岸近くの島でキャンプ休暇を過ごすときは、この態度を練習するのに絶好の機会になります。悪天候が数日続くとき、シャワーのある場所で、たくさんの親が子どもたちに「来年は南フランスに行くわ」と話すのをいつも耳にします。そのとき彼らは、この瞬間、この休暇にはいないのです。もっといい状態であるべきだと考えて、別の計画を立てています。でも、子どもたちはそんなふうには考えません。この瞬間に、目の前の天気をあるがまま味わいます。雨がひどかったり、テントの中が寒すぎたりするときには、シャワーで遊びます。私たち大人は、子どもたちのこんな態度から大切な何かを学ぶことができるでしょう。

認知療法家たちは、「バイアス」について多くの研究をします。バイアスとは、現実に対する偏見や偏った見方を意味します[8]。私たちの思考は、バイアスを維持しようと働きます。現実はこうだ（例：「私は文章を書くのが苦手だ」）という考えを持つと、これを証明すると思える出来事や情報（例：「あの作文で悪い点数を取った」）だけに注意を向け、反対にこれを証明しない情報や、それと矛盾するような情報（例：「悪い点数は、スペルができていなかったことが原因で、文章がまずかったわけではない」「学校の情報誌に原稿を書いてくれるように頼まれたことがある」）は無視するようになります。このようにして自分のアイデンティティー（自分がどのような存在か）を固定化し、成長発達する余地を自分で奪ってしまいます。そして自分自身だけでなく、無意識に同じことを子どもにもしてしまっているのです。

オックスフォード大学のアラン・スティン（Stein, A.）の研究室を訪問した際、摂食障害を持つ母親が子どもに初めて固形物をスプーンで与えている映像を見ました。この母親たちは、赤ちゃんが汚くなるのではないか、太りすぎてしまうのではないかと心配していました。固形物を食べるという体験を親子で祝い、楽しむはずの時間が、母親にとってはストレスフルな経験になっていました。この母親たちは、自分が持っていた「食べると太る」というバイアスを、赤ちゃんにも投影していました。そのような困ったバイアスを持つのは摂食障害の母親だけではありません。対人不安を持つ親は、人から否定的に評価されているのではないかと心配しますし、うつや境界性障害を持つ親は、子どもから嫌われていると考えて子どもが自分に向ける笑顔を無視したりします。最悪の場合、重度の産後うつの母親は、自分がいないほうが子どもは幸せだと信じ込み、自殺してしまう場合もあるのです。

精神疾患はバイアスの原因になり得ますが、精神疾患を持たない親であっても、子どもに対する見方はあらゆるバイアスに影響されていると言っていいでしょう。肯定的なものであれ、否定的なものであれ、バイアスは子どもの成長発達を妨げる可能性があるのです。子どもに「スポーツが得意」「才能がある」「責任感が強い」といったレッテルを貼る親は、知らないうちに、子どもの成長発達を制限してしまっている可能性があります。例えば、「責任感が強い」子どもは、兄弟の面倒を見させられ、遊び心や楽しむ心を伸ばす機会を奪われてしまうかもしれません。「スポーツが得意な」子どもは常にトレーニングに追われ、ただリラックスして何もしないでいることを学ばずに育ってしまうかもしれません。「才能がある」子どもは、知的面で優れているということが足かせになり、自分の手を使って働くという喜びを発見する機会に恵まれない場合もあるでしょう。

このような肯定的なバイアスによっても、親や保育者は子どもが助けを必要としているサインを見過ごしたり、自分が付けたレッテルに沿わない行動を受け入れられなかったりする場合があります。知能テストで高い得点を取った娘が、初めて学校でクジラについて発表した後でがっかりして帰ってきたときのことを覚えています。先生から「あなたはもっと良くできると思ったのに」と言われたというのです。「知能指数が高い」というレッテルが、教師（や私）の目をくらませ、プレゼンテーションに必要な、情報を順序だてて組み立てるということが、娘にとっては難しいということを見えなくさせていたのです。

肯定的なレッテルは、きょうだいに否定的な効果を及ぼす場合もあります。「責任感が強い」「スポーツが得意な」「才能がある」子どものきょうだいは、「責任感がない」「スポーツが苦手な」「のろま」

な子どもと見なされ、その通りに成長してしまう場合もあるということです。私はよく、先生たちから、ため息交じりに「あなたはお姉さんと違うのね」と言われました。(姉は、私よりも真面目で、頑張り屋さんで、整理整頓も上手で、成績も良かったのです。)そして私は、そのイメージに合わせようと、できるだけ勉強せず、合格すれすれのラインを保つように最大限努力したものでした。

ADHDや自閉症、神経質、失敗を恐れるといった、診断上付けられるレッテルもまたバイアスとなり、親が子どもに対して真に心を開いて注意を向けるのを妨げてしまうことがあります。ある母親から聞いた話ですが、息子に自閉症の傾向があると言われて以来、おもちゃを大きさによって揃えて並べる息子の行動に対して、それまでと180度違った見方をするようになったそうです。以前は、その行動を見ると、この子はなんて注意深くて、正確で、忍耐強いのだろう、ととらえていたのに、今は頑固で子どもっぽいととらえ、その行動を見るたびに、恐怖や拒否の気持ちが湧いてきてしまうようになったというのです。

私たちは、子どもと非常に長い時間共に過ごすので、あらゆるやりとりが習慣になります。このような習慣的なパターンが出来上がり、いつもの方法で反応し、子どもの成長発達を制限してしまうこともあるのです。ジーン・ダマス(Dumas. J.)という研究者は、次のような素晴らしい実験を行いました。まず教師たちに、児童を「社会性が高い」「普通」「攻撃的」「心配性」のいずれかに分類してもらいました[10]。平均年齢4歳の子どもたちが、各グループ30人に分けられました。この子どもたちの母親はある課題を与えられ、それを自分の子どもとペアになって行い、次に別の子どもとペアになって行うように言われました。

それは、スーパーマーケットを模して造られたセットの中でおもちゃのカートを押して回り、渡されたリストに書かれた五つの様々な品物を棚から持ってくるという課題で、ある品物から別の品物まで最短ルートで行かなければならないことになっていました。母親と子どものやりとりは録画され、その様子を、訓練を受けた心理士が観察し、「肯定的」「相互扶助」という観点で親の行動を評価して、スコアをつけました。心理士には、どの子どもがどの母親の子どもであるかは知らされていませんでした。

研究結果から、自分の子どもとペアになったとき、攻撃的な子どもや心配性の子どもの母親は、平均的な子どもや社会性が高い子どもの母親と比較して、「肯定的」および「相互扶助」の態度スコアが低いことがわかりました。しかし、別の子どもとペアになったときは、どちらの態度においても、両者のスコアに差がなかったのです。このことから、攻撃的な子どもや心配性の子どもの母親は、平均的な子どもや社会性の高い子どもの母親と同様に、肯定的で、互いに助け合うような態度で応対する能力はあることがわかります。自分との子どもとどう関わるかは、もともと「備わった」ものではなく、時間を経て「培われていく」ものだといえるでしょう。

親が子どもをどう見るかは、子どもの問題や診断によって貼られたレッテルや、他の子どもとの比較や、時間の経過に応じて養われた関係性によって生じるあらゆるバイアスに左右されます。また、親自身がどのように育てられたかもバイアスに影響します。親の親が批判的で、子どもの良さを認めない人だったならば、そのような行動が自分の中に培われ、子どもに対しても同じような態度をとってしまうかもしれません。親の持つバイアスがどこから来ていようと、そのバイアスによって子どもの成長発達を妨げ、健全な親子関係を損なう可能性があります。

では、どうしたらそのようなバイアスが子どもに与える影響を減らし、子どもが本来持つ才能や意欲に基づいて、バランス良く成長できるように最大限のチャンスを与えられるのでしょうか。親が取り組むことのできることの一つは、**ビギナーズマインド**を持って、子どもに接することです。ビギナーズマインドとは、初めて見るかのように子どもを見るということです。ビギナーズマインドを持って物事を行うということは、心を開き、十分な注意を向けながら行うということです。あらゆる感覚を総動員することで、その経験に浸ることができます。子どもが生まれたときのことを思い出してください。初めて赤ちゃんを抱っこしたときのことを思い出せますか。そのとき感じた匂い、音、赤ちゃんがどのように見えたか、どのように動いたか、触るとどんな感じだったか、覚えていますか。興味と、驚きと、神秘さを感じませんでしたか。それが、ビギナーズマインドです。

ビギナーズマインドを持って、自分の子どもを見るための効果的なやり方は、「自分の子ども」としてではなく、「一人の子ども」として見ようとすることです。これがなぜ効果的か、次の例からわかると思います。

自分の子どもが、スーパーのレジの近くで、欲しいお菓子が買ってもらえなかったために床に転がって泣きわめいたら、あなたはどう思いますか。おそらく、こんなにわがままに育ってしまったのは自分のせいだ、自分はダメな親だと思うかもしれません。では、自分の子どもでない、別の子どもが同じようにダダをこねていたらどうでしょうか。あなたは違った反応をして、「いつも欲しいものが手に入るわけじゃないことをわからせる必要がある」とか「あのお母さん、根負けしないで、えらいわ」とか「レジのところにお菓子を置くべきじゃない」などと、違ったことを考えているのではないでしょうか。

マインドフルペアレンティングのコースで、受講者に出す最初の宿題は、息子や娘を「自分の子ども」として見るだけでなく、「一人の子ども」として見るビギナーズマインドの宿題です。これにはパワフルで、心を開かせる効果があります。ある母親は、ビギナーズマインドで息子を観察してみた経験を語ってくれました。息子はADHDの診断を受けていました。本を大声で読みながら、落ち着きのない行動をしている息子にいつもイライラさせられ、そういうときは息子を見たり聞いたりしないようにしていたそうです。でも、ビギナーズマインドで、初めて見たかのように息子を観察してみたところ、そのきれいな髪の毛や可愛らしい顔立ち、そして彼がどれほど本を読むのを楽しんでいるかに気づいたのです。彼は物語に入り込み、笑ったり、悲しそうな顔をしたり、応援したり、驚いたり、興奮して動き回ったりしていました。母親は楽しんでいる子どもを、初めてイライラせずに楽しむことができたのです。

エクササイズ 1.1

呼吸に注意を向ける静座瞑想

DL Track 01

音声ガイダンスはこちらから▼

この10分の静座瞑想では、呼吸に気づきを向けます。静かでリラックスできる、安全で邪魔されない場所を見つけます。椅子に腰かけてもよいですし、クッションや瞑想用の椅子に座ってもよいでしょう。必要なら布をかけたり、靴下をはいたりして、温かい状態で、心地よくいられるようにしましょう。1週間、毎日瞑想できるのがベストです。音声ガイダンスの内容が頭に入ったら、音声はなしで、10分後（あるいは自分の好きな時間）にアラームが鳴るように設定してもよいでしょう。期待や予想をすべて捨てて、ただやってみることが重要です。後で、初めて瞑想してみてどうだったかを記録するとよいでしょう。

エクササイズ 1.2

ビギナーズマインドで育児をする

今週、毎日5分間、子どもをこっそり観察してみましょう。寝ているとき、遊んでいるとき、本を読んでいるとき、コンピューターの前に座っているとき、テレビを見ているとき、他にどんな行動をしている場合でもよいでしょう。自分のすべての感覚をとぎすまして、初めて目にするように、あらゆることを観察してみます。また、自分が画家やイラストレーター、写真家、あるいはビデオ制作者だと想像してみましょう。子どもはどんなふうに見えますか。色や形、光や影を観察してみましょう。ズームインして細部に目を向けたり、ズームアウトして視野を広げて見たりしましょう。あらゆる小さなことに気づいてみましょう。子どもがどんなふうに動くかも注意深く観察しましょう。様々な音にも耳を傾けましょう。子どもの声、動くときに立てる音、呼吸の音、鼓動も聞いてみましょう。状況によっては、他の感覚も使えます。子どものそばに座っているときは、子どもの肌や髪の毛や洋服の匂いを感じるかもしれません。何か感じますか。子どもは向こう側に座っていたり、膝の上に乗ってきたりするかもしれません。もしも子どもがあなたの口に指を突っ込んできたらどうでしょう？　どんな味がしますか？　このように、ビギナーズマインドで、初めて見るかのように子どもを観察してみると、どんな感じがするでしょう？　この経験を無理に変えようとせず、ただ、今あるがままを観察してください。ノートにこの経験について書き留めましょう。

エクササイズ 1.3

子どもと一緒に行うことや、子どものために行う毎日の行動に100％の注意を向ける

日課になっている行動は無意識に自動的に行っているので、ほとんど注意を必要とせず、習慣的に行っています。そのため、テレビを見ながらジャガイモの皮をむいたり、いろいろなことを考えながら運転したりするなど、同時に2つ以上のことを行っているのです。今週、子どもと一緒に、あるいは子どものために毎日行っている行動の中から一日に最低一つを選んで、初めてそれをするかのように、100％の注意を向けて行ってみましょう。学校に連れていく、帰ってきた子どもに「今日は一日どうだった？」と尋ねる、洋服を着せる、歯を磨かせる、お弁当を作る、夕飯を食べさせる、おやすみの挨拶をするなどでもよいでしょう。あまり時間がかからないものを選びましょう。もし長い時間がかかる行動の場合は、その中の数分を使って実践してみましょう。

子ども、自分自身、触れ合っている体の部分、会話、目を交わす、など、お互いのやりとりに注意を向けてみます。そのときに経験することをあるがまま味わってみます。その目的はただ一つ、

あるがままのこの瞬間に気づくことです。日課になっている行動に意識を向けることによって、いつもより少しゆっくりとそれを行うことができるかもしれません。様々な行動を選ぶのではなく、一つの行動を選んだら、1週間は毎日その行動に意識を向け続けてみます。その経験について書き留めましょう。

エクササイズ 1.4

子どもと一緒に同じものに注意を向ける

子どもが自分に注意を向けてほしいと言ってくる瞬間を探しましょう。「お父さん、お母さん、見て!」「この歌、聞いて!」「このビデオ、見て!」「テスト、何点だったと思う?」そのとき、子どもはあなたと一緒に何を見たいのでしょう。子どもと一緒に何かを見るとき、他に注意をそらすことなく、いつもより長い時間、より深く、より多く、100%の注意を向けてみてください。その経験について書き留めましょう。

文献

[1] Bianchi, S. M. (2000) Maternal employment and time with children: Dramatic change or surprising continuity? *Demography*, *37*, 401-414.

[2] Valentin, L., & Kunze, P. (2010) *Die Kunst, gelassen zu erziehen: Buddhistische Weisheit für den Familienalltag*. Munchen: Gräfe und Unzer.

[3] Eisi4 (2009) *Pflege I-1: LOCZY – Wo kleine Menschen groß werden* [Video file]. Available at: https://www.youtube.com/watch?v=AG7MUM_d32I (accessed January 2020).

[4] Fonagy, P., Gergely, G., & Jurist, E. L. (Eds.) (2004) *Affect regulation, mentalization and the development of the self*. London: Karnac books.

[5] Frith, U. (1991) Asperger and his syndrome. *Autism and Asperger syndrome*, 14, 1-36.

[6] Bögels, S. M., & Restifo, K. (2014) *Mindful parenting: A guide for mental health practitioners*. Chapter 2: Evolutionary perspectives on parenting and parenting stress. New York: Springer.

[7] Segal, Z. V., Williams, J. M. G., & Teasdale, J. D. (2012) *Mindfulness-based cognitive therapy for depression* (2nd ed.). New York: Guilford Press. Z・V・シーガル、J・M・G・ウィリアムズ、J・D・ティーズデール（著）越川房子（監訳）(2007) マインドフルネス認知療法――うつを予防する新しいアプローチ［第1版］ 北大路書房

[8] Beck, A. T. (Ed.) (1979) *Cognitive therapy of depression*. New York: Guilford Press. アーロン・T・ベックほか（著）坂野雄二、神村栄一、清水里美、前田基成（訳）(2007) 新版 うつ病の認知療法（認知療法シリーズ）岩崎学術出版社

[9] de Vente, W., Majdandzic, M., Colonnesi, C., & Bögels, S. M. (2011) Intergenerational transmission of social anxiety: the role of paternal and maternal fear of negative child evaluation and parenting behaviour. *Journal of Experimental Psychopathology*, *2*, 509-530.

[10] Dumas, J. E., & LaFreniere, P. J. (1993) Mother-child relationships as sources of support or stress: A comparison of competent, average, aggressive, and anxious dyads. *Child Development*, *64*, 1732-1754.

第2章

自分自身の親になる

自分を大切にし、思いやる

自分を大切に世話する方法や、自分の中に存在する暴力を知らなければ、人を大切に世話することはできない。パートナーや子どもの話を真に聴けるようになるには、愛と忍耐が不可欠だ。イライラしていたら、聴くことはできない。マインドフルに呼吸する方法を知り、イライラを抱きしめ、そのイライラを違うものに変容しなければならない。

ティク・ナット・ハン（Nhat Hanh, T.）[1]

飛行機に乗ると必ず、非常時には子どもよりもまず親が先に酸素マスクを着けるようにという指示があります。親である私たちはどんなときもそれを覚えておく必要があります。子どものことになると、つい自分を後回しにしてしまうからです。小さい子どもを持つ親は、子どもの世話に夢中で、立ったまま食事をしたり、トイレに行くのを忘れたりします。10代の子どもの親は、なかなか帰らない子どもを待って夜中まで起きていたり、自分のやるべきことをほったらかしで、宿題を手伝ったりします。

そうやって子どもの世話を十分にしようとするあまり、肉体的にも情緒的にも疲れ切ってしまいかねません。自分のことを世話するセルフケアと、自分に対して優しい気持ちを抱くセルフコンパッション（自分への思いやり）は、「疲労困憊」という状態の解毒剤です。幼い頃に親と十分に過ごせなかったり、親に頼れなかったりした人は余計に、セルフケアやセルフコンパッションが大切になります。なぜなら、自分の世話もしながら人の世話をする方法を見て学んでいないからです。例えば、自分が病気だったり、人間関係に悩んでいたり、病気の親の面倒を見ていたりする場合など、困難な状況に直面しているとき、本当は最もセルフケアを必要としているにもかかわらず、それを忘れがちなのです。

本章では、自分自身や自分の体に注意を向けることや、セルフケアやセルフコンパッションが育児ストレスを上手に管理するのにどう役立つかを学びます。マインドフルペアレンティングのコースを教えるときはいつも、育児ストレスを感じるとき、「呼吸空間法」の時間をとることで、どれくらいうまくストレスをやり過ごすことができるかについて話し合います。呼吸空間法は、3分間の瞑想で、今していることをすべてやめて、自分の呼吸に気づき、今自分がどんな状態かに意識を向けるのです。一人の母親が大声でこう私に言ったのをはっきりと覚えています。「でも、忙しい生活の中で、3分間も呼吸に注意を向ける余裕なんてありません！」

実際は携帯画面を見て3分以上過ぎてしまうことはよくあるのではないでしょうか。でも、このお母さんの言いたいこともわかります。リトリート（静寂の中で瞑想を行うための集まり）に参加するとき（私は一年に一度参加するようにしています）、他の人に世話を頼んでいることを、子どもたちに対して申し訳ないと思いますし、また、子どもたちのベビーシッターや子どもたちの友達の親や、職場の同僚たちに対しても罪悪感を持ちます。なぜなら、私が「何もしない」でいられるように、いつもより多く働いてくれているからです。

でも、もちろん、何もしないわけではありません。1週間、瞑想するとき、私は**しないこと**を練習しているのであって、それは大変な仕事です。リトリートを始めるとき、瞑想の講師はたいてい、「こうしてリトリートに参加することは、子どもやパートナー、職場の同僚、そして世界への贈り物です」と言います。瞑想を教えるエデル・マエックス（Maex, E.）は私にこう話してくれました。「うちの奥さんはね、私がリトリートに出かけるとき、それは嬉しそうなんだよ。彼女になぜかと聞いてみたら、私がもっといい人になって戻ってくるからと言っていたよ」。自分を大切にケアするとき、私たちは周りの人のケアもしているのです。

自分を大切にケアするにはまず、自分の心の中で何が起こっているか、どんな状態かに気づくことが必要です。気づいて初めて、自分のニーズを満たし始めることができるからです。私たち人間には、自分のニーズや感情にかまっていられないときには、それらを抑え込めるという、特筆すべき能力が備わっています。大事な締め切りに間に合わせようと頑張っているときには、忙しいときに作り出すアドレナリンやドーパミンといったホルモンのおかげで、病気になるのを「先延ばし」にすることができます。そして、危険に直面するときは、「闘うか逃げるか」の行動に全エネルギーを投入するために、飢えやのどの渇きや疲れは後回しにすることもできるのです。

私たちはまた、必要や危険に迫られたときに子どもを優先することができるように進化してきました。生きるか死ぬかという状況でもそうできるのは特筆すべきことですし、それほど深刻ではない状況であっても、何も考えずにそのような選択ができるというのは、驚くべきことです。叔母がこう話してくれたのを覚えています。「子どもに何でも教えてきたけど、母親である私を大切にすることだけは教えてこなかったわ」。私たちが自分を大切にケアすることによって、子どもたちにも、私たち親に心を配り、親を大切にするように教えているのです。

私は離婚した直後、子どもたちが父親と一緒にいるときは寂しくて仕方なく、子どもたちが私と一緒にいる間は、100%子どもたちのために時間を割くようにしていました。週末のすべての時間を子どもたちのために捧げていたのです。そうすると、土曜日の朝の1時間ですら、カプチーノを飲みながら、ソファでゆっくり新聞を読む時間もとれず、毎週月曜日には、喜びながらも疲れ切った状態で仕事に戻っていました。

子どもたちの学校で、とても能力のある先生が時折「今は話しかけないでください」（訳注：英語の元の言葉はDo not disturbで「邪魔しないでください」の意。ホテルの部屋のノブにかけるサインとしても使われる）という貼り紙をしているのに気づきました。この貼り紙をしているときは、子どもたちは先生に質問をしてはいけないことになっていて、自分たちで解決方法を見つけたり、助け合ったりして、先生が特別な必要を持つ子どもたちに集中できるようにしていました。

そこで私も、「話しかけない」時間を家で取り入れることにしました。子どもたちは喜び勇んで協力してくれました。土曜の朝の自分を取り戻すためのおひとりさまの優雅な時間を楽しんでいる間、子どもたちは電話に出て「お母さんはコーヒーを飲みながら新聞を読んでいるから電話に出られません」と答えてくれたり、息子は妹をトイレに連れていってくれたり、妹がハサミを持って走り回っているとハサミを取り上げてくれたりしました。息子が初めて書いた日記を見せてくれたのですが、そこには私が自分のための時間をとっていることについて書いてあり、彼にとっても特別な意味があったことがよくわかりました。ですから、私は自分のために時間をとることで、自分を大切にしただけでなく、幼い子どもたちの人生にとっても大切なものを与えたことは間違いありません。

自分のことを大切にするということは、瞑想の教師であるエデル・マエックスが「人生の大渦巻」[2](訳注：語源はオランダ語で、ノルウェーの北西岸の海峡に見られる危険な渦巻きを指していた）という言葉で表現した人生の様々な問題と自分との間に距離を置き、自分がどんな状態か、また自分には何が必要かに気づく時間をとるということです。セルフケアは、まず自分の体の声に耳を傾けることから始まります。一歩引いて、体の中に入り込むような気持ちで、あらゆる感覚を十分に味わうことで、自分に波長を合わせるのです。それが、子どもたちと波長を合わせるための第一歩です[3]。自分と断絶していたら、どうやって自分の子どもを理解し、子どもとコミュニケーションをとり、その気持ちに寄り添うことができるでしょうか。

仕事や子ども、家庭のことで忙しくしていると、親は自分の体をないがしろにしがちです。そういうとき、疲労感や痛みやストレスはあまり役に立ちません。心地よい体の感覚も感じなくなりがちです。子どもを肩車するとき、小さな手が自分の髪の毛を触っている感触を覚えていますか。自分の体とつながることで、そんな特別な瞬間と再びつながり、「することモード」から一歩外に出ることができるのです。

食べるとき、新聞を読むとき、シャワーを浴びるとき、ケーキを焼くとき、仕事に向かうとき、学校に子どもを迎えに行くとき、あなたの体はどんなことを感じていますか。自分の体の状態に気づくことは、自分を大切にケアするための第一歩です。体をケアするために、簡単で具体的なことから始めることができます。例えば、お腹がすいたりのどが渇いたりしたときには、食べたり飲んだりしてす。お腹がいっぱいになったり、のどが渇いていない状態になったら、食べたり飲んだりするのをやめます。尿意や便意を感じたらトイレに行き、疲れを感じたら眠り、体のこわばりを感じたら動き、そわそわしたら歩くのです。

自分の体と共にあること、そして体のケアをすることは、子どもと関わるときにもできます。赤ちゃんをお風呂に入れるとき、自分はどのように立っているでしょうか。幼い子どもにご飯を食べさせるとき、自分はどのように座っているでしょうか。難しい年代の10代の我が子と話そうとするとき、体にはどんなことが起こっているでしょうか。それに意識して気づいてみましょう。体が教えてくれる人生や教訓に耳を傾ける術《すべ》を身につけることができます。「ボディスキャン」は、体全部をスキャンしていくかのように、各部分に意識を向け、体への気づきを養い育てます。それがマインドフルネスの要《かなめ》であり、そしてこの本の要《かなめ》でもあります。でも、この体への気づきは、ただ歩いたり、自転車に乗ったり、泳いだり、スポーツをしたりするだけでも達成できます。これらの身体活動をしている最中、あるいは後に、体がどんなふうに感じているかに注意を向ける時間をとりさえすればよいのです。

セルフコンパッション（自分への思いやり）は、自分自身を大切に世話する方法の一つで、特にストレスや苦悩、自己批判、自我を裁くこと、失敗の真っただ中にあるときには特に重要です。セルフコンパッションを理解するうえでまず大切なのは、「コンパッション」という言葉の一般的な意味を知ることでしょう。その定義の一つは「誰かと共に苦しむこと」です。クリスティン・ネフ（Neff, K.）[4]は、コンパッションについて次のように説明しています。

コンパッションは、苦悩に気づき、明らかに見るということを前提としています。苦しみの中にいる人々に対する優しい思い、思いやり、理解が伴い、苦しみを和らげたいという願いがおのずと生まれてきます。そして、コンパッションは、誰もが持つ人間的な状況、もろさ、不完全さに気づくことです。セルフコンパッションは、これとまったく同じことを自分に対して向けるということです。

コンパッションは誰もが生来自分の中に併せ持っているものです。私にもあります。私は子どものときいつも動物を助けたり、チャリティーのお店に自分から協力したり、アフリカの飢えた子どもたちのために募金を集めたり（とても恥ずかしいことを告白しますが、集めたお金で2匹のスッポンを買い、両方とも死んだときには天罰が下ったと思ったことがありました）、地球の環境汚染や多くの生物が苦しんでいることを心配したりしていました。学校では、私のヒーローであるガンジー（Gandhi）やマーチン・ルーサー・キング（Martin Luther King）牧師など、人々にコンパッションを示し、人々と苦しみを共にした人物についてスピーチをしました。ホロコーストについてありとあらゆる本を読み、ユダヤ人の人々の苦しみについて想像しようとしました。10代になると、ミュージシャンのジミー・

ヘンドリックス（Hendrix, J.）などの運命について嘆き、作家のシルビア・プラス（Plath, S.）など自殺した[5]人々についての本や彼らが書いた本を読み、ユニークな才能が失われたことを嘆き悲しみました。『カッコウの巣の上で（*One Flew Over the Cuckoo's Nest*）』のような映画を見て、精神疾患を持つ人への虐待をなくしたいと思いました。心理療法士になるのは、私の使命だったと思います。最初から、人の苦しみを和らげたいと思っていました。結局は、自分自身の苦しみをも和らげ、自分のトラウマをも癒したいと願っていたことが、後になってわかりました。

コンパッションは、苦しんでいる人の立場に立って助けようとする姿勢です。私たちは自分の子どもに対して自然にコンパッションを持ちます。多くの親の皆さんが、子どもを持つまで、これほど誰かを愛せるとは思わなかったと言います。もちろん、いつもそう感じられるわけではありません。子どもに対して強いネガティブな感情や行動を示してしまう場合もあります（これについては、後に述べます）。でも大切なのは、親として子どもに抱く限りない愛につながるとき、子どもを愛し世話をする潜在的な力があることに気づくと同時に、自分自身のことも愛し、大切にする力があることに気づくことです。

研究者であるキャロライン・ファルコナー（Falconer, C.）、メル・スレーター（Slater, M.）らは、バーチャルリアリティー技術を使って、うつで苦しむ人々に対するセルフコンパッションの効果を調べ、その実験結果の動画を公開しました[6]。うつになると、非常に自己批判的になり、自己を他者から孤立させ、困難があってもセルフコンパッションを抱かない傾向があることがわかっています。

「ケーヴ（洞窟の意）」というバーチャルリアリティーの設備の中で、研究者は参加者に、がっかりしているバーチャルの子どもを慰めてくださいとお願いしました。そして、次の言葉を優しい声で語りかけるように指示されました。

いやなことが起こるとつらいよね。とってもがっかりしているでしょ？　あのさ、悲しいときは、自分のことを大好きでいてくれて、自分に優しくしてくれる人のことを考えるといいよ。それ、やってみてくれるかな？　あなたのことが大好きで、あなたに優しくしてくれる人のことを考えてみてもらえる？その人は、あなたがもうちょっと元気になるように、何て言ってくれるだろうね？

参加者の声やボディランゲージは録音録画され、バーチャルの子どもは徐々に泣き止み、大人から言われることに興味を示すようにプログラミングされていました。

次に参加者は、今度は子どもの立場で同じ場面を再び体験します。録画された自分自身のアバターが、自分に近づいてきて、優しい思いやりを込めて同じことを自分に語りかけるのを見聞きします。これがエンボディメント（具現化）というテクニックです。1か月の間、この8分間の短い介入が何回か繰り返された後、参加者は、自分自身にもっと優しくなり、うつの症状が軽減したと報告しました。中には、落ち込んでいるときにその経験について考えると、自分に対してもっと思いやりを持つことができたと報告した人もいました[7][8]。

子どもが痛がっているときに慰めてあげるのと同じように、自分が苦痛を感じているときにも自分自身に慰めを与えることができます。クリスティン・ネフは、セルフコンパッションには3つの要素があると語っています[9]。

1. 感情的な苦痛に気づき、自分自身をその苦痛に対してマインドフルに開き、向き合わせる。
2. 何かがうまくいかないとき、自分のことを恥じたり、孤立させようとしたりする傾向を弱め、苦痛は私たちを結び付けるものであるということを思い出す。
3. 自分への批判ではなく、自分への優しさを持って対応し、皆が思いやりを必要とし、それを受ける価値があることに気づく。

自分がストレスや精神的な苦痛を感じているとき、以下の文章を自分に言ってみましょう。

「今、私は苦痛を感じている」あるいは「本当に大変な状況だ」
「苦痛は人生の一部だ」あるいは「苦しんでいるのは私一人じゃない」

「自分に優しくしよう」
「必要な思いやりを自分に与えよう」

セルフコンパッションを実践するときに大切なのは、魔法のように気分が良くなるのを期待するのではなく、つらい気持ちと向き合い、乗り越える助けとするためだということを心に留めることです。つらい気持ちを拒否したり、なくしたりする方法としてセルフコンパッションを用いようとするなら、それは失敗に終わります。生きるうえで苦痛があるのは人として当然であり、苦痛を感じてよいのです。コンパッションの教師であるクリストファー・ガーマー（Germer, C.）の言葉を引用します。

私たちはこの人生において、喜びや苦痛、病気や健康、得ることや失うことなど、様々な浮き沈みを経験します。コンパッションは、それらを変えるチャンスを得られるまでの間、それらと共に生きる力を私たちに与えてくれるのです。[4]

セルフコンパッションは、自分自身の親になること、自分の「インナーチャイルド（内なる子ども）」の世話をすることを学ぶことです。幼い頃、十分な世話や慰めを受けてこなかった人にとって、セルフコンパッションを持つことは難しいかもしれません。前述のバーチャルリアリティーのセルフコンパッションの実験[6]に参加した、ある若い母親は、自分に安心だと感じさせてくれる誰かに抱かれて、慰められている自分を観る訓練をした経験について話してくれました。

私は今まで一度もあんなふうに抱きしめてもらったことはありませんでした。それは悲しいことです。でも、とても心地良く感じました。

私のマインドフルペアレンティングのクラスで、参加者である親は、自分を無条件で愛してくれた人を思い描き、その人を抱きしめることを想像するというセルフコンパッションの練習をしました。幼い頃に母を亡くしたある参加者は、養母を選び、養母が自分を抱きしめ、世話し、耳を傾けてくれているのを思い描き、泣きながらこう話してくれました。

私はその悲しみや恐れがどんなものか知っています。自分のことを無条件に愛してくれる人について考えるとき、自分の心の深い部分で恐れを感じているのに気づきます。私を最初に愛してくれた母を亡くしているからです。

コンパッションは、他の人の苦痛を見るときに湧き起こる感情であり、助けたいという望みに火をつけます。他の人の感情を共に感じるという共感とは異なるものです[10]。コンパッションを真に経験するには、苦しんでいる人と自分は別の存在であり、その人の苦痛は自分のものではないと気づかなければなりません。

共感とコンパッションをこのように区別することは、いわゆる**コンパッション疲労**という現象を理解する助けとなるでしょう。重篤な状態の子どもを世話する親、あるいは依存症を持つパートナーや、認知症を持つ親の面倒を見る人は、コンパッション疲労に苦しむことがあります。チャールズ・フィグレー（Figley, C.）はコンパッション疲労を次のように定義しています。

助けの必要な人や動物を助ける人が経験する状態で、極度の緊張を感じたり、助けを受けている対象の苦痛に夢中になったりすることで、トラウマになるほどのストレスを引き起こす場合がある。[11]

コンパッション疲労は、トラウマチックな状況にある人を助ける人や親によく見られ、「第二のトラウマ体験」とも言われます。マザー・テレサ（Mother Teresa）は、自分のもとで、非常に大変な状況にある人々を助けている修道女にこのコンパッション疲労のリスクがあるのに気づき、5年ごとに1年間、回復のための休暇をとらせることにしました。親は子どものことをあまりに自分の間近な問題としてとらえるため、深刻な問題を持つ子どもの世話をする親はコンパッション疲労に陥るリスクが高いのです[12]。ですから、家族のトラウマや苦痛に直面するときは常に、自分自身のことをよく世話してあげることが不可欠です。

コンパッション疲労は、苦痛やトラウマを見ることによって起こるだけでなく、それにどのように対処するかも引き金になります。親として、子どもの苦痛に真に向き合うためには、子どもの苦痛は自分の苦痛ではないということ、また、親には親の苦痛もあるのだということを覚えておかなければなりません。親として子どもが苦しむのを見ることは、大きな苦痛です。ですから、その苦痛についてセルフコンパッションを持ってあげる必要があるのです[4]。

私はグループに教える中で、親の皆さんが、自分の子どもの苦しみ（自閉症、依存症、拒食症、自殺企図、離婚、その他様々な要因）ゆえに苦悩するのを見てきました。自分の過ちのせいでこうなってしまったのではないかと、自分を責めるのです。このようにして自分を責めるのは、自分に苦行を課すことで自責の念に対処するのに役立つ心理的なメカニズムなのかもしれません。

それが避けられたかどうかは別として（このことについては第8章で詳しく書きます）、子どもたちの抱える苦痛について最も苦しむのは親です。そして、私たち親はコンパッションを必要としていて、私たちは自分自身にそれを与えることができます。ですから、最もそれを必要とするとき、そうしようではありませんか。親は子どもがもう苦しまなくてよいように、その苦しみを代わりに背負ってあげたいと思うものです。それは理解できますが、真のコンパッションとは、苦痛は子どものものであり、私たち親のものではないと理解することです。子どもたちが苦しんでいることに気づき、彼らを思い、感じることはできます。しかし、私たち親は子どもの苦痛を軽くしたり、どれだけ苦しいかを感じたりすることはできません。真のコンパッションとは、子どもの苦痛が存在するのを許すことができ、同時に、自分の苦痛の世話もするということなのです。

私たちはまた、自分のインナーチャイルド（内なる子ども）を見つめて、その子どもが何を必要としているかに気づいてあげることによっても、自分の世話をすることができます。私たちは皆子どもとして、親に依存しています。悲しみや心配、怒り、嫉妬、落胆を感じているとき、親や、私たちを世話してくれる他の大人から、慰めではなく非難（「あなたのせいでしょう」「もしあなたがそうしなかったら」「そんなふうに感じるべきじゃない」）を受けたことがあるかもしれません。実際にそうだったかもしれませんし、親自身がセルフコンパッションを持てずにもがいていたために、そんな反応をしてしまったのかもしれません。わざと失敗したわけではないのに、あたかもそうしたかのように判断されることはよくあります。私は幼いとき、ズボンのポケットに入れていた100ギルダー紙幣（5400円相当）を失くしてしまったことがありました。自転車で家に帰りながら、両親がどんな反応をするだろうと怯えながら、愚かな自分を責めたのを覚えています。実際に両親がどんな反応をしたかはもう覚えていませんが、自分が抱いていた恐れや自責の念だけは覚えています。

大人になって同じようなことが自分の身に起こったとしたらどうでしょう。例えば、スキポール空港行きのバスの中で電話していたためにスーツケースを忘れ、それを取り戻そうとしたけれど失敗に終わってオックスフォード行きの飛行機に乗れなかったとき、最初に湧き起こったのは、自分の愚かさを責める気持ちでした。でも、そんなふうに感じても余計につらくなるだけです。私はそのとき自分に本当に必要なのはセルフコンパッションだと知っていたので、自分を責めようとする衝動を抑えて、「今はつらいときだ。スーツケースを失くした人は他にもいる。自分に優しくしてあげよう」と、自分が受けるに値するセルフコンパッションを自分に与えることができました。

瞑想の教師であるティク・ナット・ハン（Nhat Hanh, T.）は、自分に優しくなれるように赤ちゃんのイメージを使います。例えば、自分がとても怒っているとき、最大限の優しさを込めて、自分を赤ちゃんのように抱っこしてゆっくりと揺らしてあげるのです。ティク・ナット・ハンは、私たち一人ひとりの中には、傷ついた子どもがいて、セルフコンパッションによって癒されることができると言っています[13]。

「慈悲の心をもって聴く」というと、私たちは大抵、誰か人の話を聴いてあげることだとおもいますが、自分の中にいる傷ついた子どもの声にも耳を傾けなくてはなりません。その子が私たちの全集中力を必要としている場合もあります。その小さな子が奥底から表れて、「こっちを向いて」とお願いしているとき、あなたがマインドフルであれば、助けを呼ぶその声が聞こえるでしょう。

その瞬間、目の前にあるどんなこともおいて、その傷ついた子のもとに帰り、抱きしめてください。やさしくいたわりのこもった言葉で直接話しかけてください。

「ひとりぼっちにしてきてしまったね。きみから離れてしまったこと、今では本当に悪かったと思っている。抱きしめよう」こんなふうに言ってもいいでしょう。

「ぼくはきみのためにここにいるよ。大切におせわするからね。きみがとても苦しんでいること、わかっているよ。今までぼくはとても忙しくしていた。ずっと見て見ないふりをしてきた。けれど、もう、きみのところに帰ってくる方法を学んだんだ」

　その子と一緒に泣く必要があるでしょう。そうする必要があると感じた場合はいつでも、その子と一緒に座って呼吸しましょう。心の中で、「息を吸って、傷ついた子どものところへ帰る。息を吐いて、その子を大切に世話する」と唱えながら呼吸に集中するのです。（邦訳16－17頁）

　定期的にボディスキャン瞑想（エクササイズ2・1）を実践することによって、体の声に耳を傾け、大切にケアすることができるようになります。また、「自分には何が必要だろう？」と尋ねることもできます（エクササイズ2・2）。胸に手を当てる瞑想（エクササイズ2・3）をしたり、ただ思いやりの言葉を自分にささやいたりするだけでも、セルフコンパッションを養うことができます。この実践を行い、自分自身の健康や幸福や愛を願う時間をとることが重要であることに気づくことが大切です。実際にそれを実感するかどうかは問題ではないということです。どんな小さなことでもよいので、日々感謝することに注意を向けること（エクササイズ2・4）によって、幸福は未来にあるのではなく、今ここにあるということを思い出すことができるのです。

実践

エクササイズ 2.1

セルフコンパッションボディスキャン

DL Track 02

音声ガイダンスはこちらから▼

ボディスキャンは座ったままでも、寝たままでもできます。

私たちはたいてい、頭の中で生きていて、何か問題が起きるまでは、体にほとんど気づかずにいます。この瞑想では、体のあらゆる部分に注意を向けてスキャンしていきます。どうぞ、**ビギナーズマインド**を持って、心を開き、好奇心にあふれて、まるで初めて自分の体に気づくかのように、すべての感覚に注意を向けてみてください。

自分の体全部に注意を向ける時間をとることは、単に注意と気づきを向ける実践であるだけでなく、セルフコンパッションを示すことでもあります。今週は毎日ボディスキャンをしてみてください。〈Track 02〉には10分のボディスキャンが入っています。もっと長いボディスキャンに取り組みたい場合は、ジョン・カバットジンやマーク・ウィリアムズのような主要なマインドフルネスティーチャーがガイドをしているものもオンラインでたくさん見つけられるので（訳注：英語版の場合です）、活用してみてください。もしよければ、やってみてどうだったかを記録してもよいでしょう。

❖瞑想ができなくても罪悪感を持たない

運動や健康的な食事や節酒、早寝早起きと同じように、毎日瞑想**しよう**とは思ってはいても、できない日も必ずあります。そのときに罪悪感や挫折感、自責の念を感じると、さらに瞑想から足が遠のきます。そのような気持ちを放置しておくと、瞑想は「やることリスト」の中の一つになり、ただでさえ忙しいのに余計に忙しくさせるものとなり、結局この本は本棚の奥にしまわれるか、ごみ箱行きになってしまいかねません。

ですから、瞑想をしないまま日々が過ぎていっているのに気づいたら、瞑想の実践の妨げとなる事柄とその解決方法の一覧表を作ってみてはどうでしょうか。これは、私と何人かのマインドフルネスティーチャーで作った一覧表です。

できない理由	解決の方法
・疲れすぎている	もう少し睡眠をとり、一日のうちの別の時間に瞑想する
・忙しすぎて時間がない	どうしても必要でない仕事はキャンセルしたり、人に頼んだりする
・あまり楽しみに思えない	楽しくないものも、役に立つと考える
・忘れてしまう	思い出せるようにスマートフォンで一日の予定に入れ

る

・つまらない……▼続けていくともっと面白くなると信じる
・同じことの繰り返しで飽きる……▼違う瞑想の音声ガイダンスを使ってみる
・方法が間違っていたらいやだ……▼「正しい方法」はないし、「緊張してもＯＫ」と考える
・お酒を飲んじゃった……▼それでもやってみる、一日のうちの、別の時間に行う
・罪悪感を持ってしまう……▼家族や同僚、友達にとっても益になると考える
・何の役にも立っていない……▼もう少し続けてみる

エクササイズ 2.2

私に必要なのは？

日々の生活の中で、立ち止まって「今の自分には何が必要だろう」と尋ねることが、セルフコンパッションへの第一歩であるとクリストファー・ガーマー[14]は言っています。次の質問を自分に尋ねて、答えの例を参考にして、自分の答えをノートに書いてみましょう。

【質問１】　今自分は、親としての自分を、肉体的・精神的・情緒的・社会的・霊的な面でどのようにケアしているだろうか。

【答えの例】 週に一度、母に子どもを預けて、午後の時間を一人で過ごしている。子どもたちを起こす前の早朝の時間、瞑想をしている。パートナーに助けを求めている。育児に関する本を読んでいる。

【質問2】 親としての自分をケアするために、肉体的・精神的・情緒的・社会的・霊的な面で新たにどんなことができるだろうか。

【答えの例】 子どもたちに、私の気持ちを考えてくれるように教えることができる。子どもたちと過ごすとき、自分の感情や体の感覚に耳を傾けて、それに波長を合わせることができる。行き詰まったら、友達に電話できる。

エクササイズ 2.3

胸に手を当てて、慈悲の瞑想を行う

今週、親としてつらい思いを味わっている瞬間に気づいてみましょう。深刻な悩みもあるでしょうし、せっかく作ったおいしそうな料理を子どもたちが食べてくれないことや、子どもの誕生日をうっかり忘れて子どもを怒らせたり悲しませたりしてしまったことなど、ごくささいなことでもよいでしょう。

・自分にこう語りかけます。「今私は苦しんでいる」
・自分の苦しみを、他の親の経験と結び付けてこう自分に語りかけます。「苦しんでいるのは私だけじゃない」「誰でもみんな失敗する」
・自分に慰めの言葉をかけます。「いい親になるのは簡単じゃないよね」「自分に優しくしてあげよう」。他にも、慰めの言葉が思いついたら、書き留めてみましょう。

慰めの動作を入れてみます。
・両手を心臓のあたりに重ね、それぞれの手が当たる部分に感じる圧や温かさ、胸に当てた両手の圧や温かさを感じましょう。
・両腕で自分を抱きしめてあげます。
・床に横たわり、横向きになって背中を丸め、腕で足を抱えて、自分を守る姿勢をとります。
・両方の手のひらを温かくなるまで何度かすり合わせてから、そっと顔に当てます。

また、「今の自分には何が必要だろう」と尋ねて、何が思い浮かぶか見てみます。自分に必要なものが本当に得られるか、あるいは自分に与えられるかどうかは別として、もっと広い意味であなたが必要とするケアやサポート、優しさ、静けさ、休息、慰めと結び付けてくれるでしょう。

エクササイズ 2.4

感謝

今週、毎晩寝る前に、今日の一日で起こった中であなたが感謝していることを三つ書き出してください。書き出すのを忘れないように、枕元にノートを置くとよいでしょう。私はクリストファー・ガーマー[14]のワークショップに出て以来、これを続けています。大変な日であっても、ジョン・カバットジン（Kabat-Zinn, J.）が語ったように「小さなことは、ささいなことではない」ことに気づくことができ、人生を楽しみ、一日を良い気持ちで終えることができています。

ティク・ナット・ハン[15]はこう言っています。「私たちは誰もが、自分の中に愛と思いやりの種を持っています。また、憎しみと怒りの種をも持っています。愛と思いやりの種に水をやればやるほど、自分自身や周りの人のために愛と思いやりを育むことができるのです」

マインドフルネスは、私たちが正しい種に水をやれるように助けてくれるのです。

文献

[1] Nhat Hanh, T. (2003) *Creating true peace: Ending violence in yourself, your family, your community and the world*. New York: Atria Books. T・ナット・ハン（著）塩原通緒（訳）（2005）あなたに平和が訪れる禅的生活のすすめ――心が安らかになる「気づき」の呼吸法・歩行法・瞑想法　アスペクト

[2] Maex, E. (2008) *Mindfulness: In de maalstroom van je leven*. Houten: Lannoo.

[3] Siegel, D., & Hartzell, M. (2003) *Parenting from the inside out*. New York: Tarcher.

[4] Neff, K. D. (2012) The science of self-compassion. In Germer, C. K. & Siegel, R. D. (Eds.). *Wisdom and compassion in psychotherapy: Deepening mindfulness in clinical practice*. New York: Guilford Press.

[5] Brouwers, J. (1983) *De laatste deur: Essays over zelfmoord in de Nederlandstalige letteren*. Amsterdam: Synopsis.

[6] Itkowitz, C. (2016) The surprising way researchers are using virtual reality to beat depression. *The Washington Post*. Available at: https://www.washingtonpost.com/news/inspired-life/wp/2016/02/17/how-comfortning-a-crying-child-in-virtual-reality-can-treat-depression-in-real-life/（取得２０２０年１月）

[7] Falconer, C. J., Rovira, A., King, J. A., Gilbert, P., Antley, A., Fearon, P., Ralph, N., Slater, M., & Brewin, C. R. (2016) Embodying self-compassion within virtual reality and its effects on patients with depression. *British Journal of Psychiatry Open*, *2*, 74-80.

[8] Falconer, C. J., Slater, M., Rovira, A., King, J. A., Gilbert, P., Antley, A., & Brewin, C. R. (2014) Embodying compassion: a virtual reality paradigm for overcoming excessive self-criticism. *PloS one*, *9*, 1-7.

[9] Neff, K. (2011) *Self-Compassion*. New York: William Morrow. K・ネフ（著）石村郁夫、樫村正美（訳）（2014）セルフ・コンパッション――あるがままの自分を受け入れる　金剛出版

[10] Goetz, J. L., Keltner, D., & Simon-Thomas, E. (2010) Compassion: an evolutionary analysis and empirical review. *Psychological Bulletin*, *136*, 351.

[11] Figley, C. R. (1995) Compassion fatigue: Toward a new understanding of the costs of caring. In Stamm, B. H. (Ed.) *Secondary traumatic stress: Self-care issues for clinicians, researchers, and educators*. (pp. 3-28). Baltimore,

USA: The Sidran Press.
[12] Salmela-Aro, K., Tynkkynen, L., & Vuori, J. (2011) Parents' work burn-out and adolescents' school burn-out: Are they shared? *European Journal of Developmental Psychology*, *8*, 215-227.
[13] Nhat Hanh, T. (2010) *Healing the inner child*. Berkeley: Parallel Press. T・ナット・ハン(著) 磯崎ひとみ(訳) (2017) 和解――インナーチャイルドを癒す　サンガ出版
[14] Germer, C. (2012) 11月　個人的会話
[15] Nhat Hanh, T. (2009) *Happiness*. Berkeley: Parallel Press. T・ナット・ハン(著) 島田啓介、馬籠久美子(訳) (2015) ブッダの幸せの瞑想［第二版］　サンガ出版

◆訳者付記

文献［15］については、邦訳版にて引用箇所が確認できなかったため、日本語で読める「種」について触れられている文献とその該当箇所を以下に紹介する。

[文献] Hanh, T. N. (2002). *Anger: Wisdom for cooling the flames*. Penguin.　T・ナット・ハン（著）岡田直子（翻訳）(2011)　怒り――心の炎の静め方　サンガ

怒りは、種の形をして私たちの中に存在しています。愛や思いやりの種もそこにあります。私たちの意識には、たくさんのネガティブな種と、たくさんのポジティブな種があります。実践とは、ネガティブな種に水をやることをやめて、毎日ポジティブな種の存在を認めて、水をやることです。これが愛の実践です。ポジティブな種に水をやり、あなた自身や愛する人を守らなければなりません。(p.97)

第3章

育児ストレス

「サバイバルモード」から離れ、一息つく余裕を持つ

彼女（4歳の娘）は、もう大人顔負けのことを言い、ずる賢いこともしたりするので、私は完全に頭に来て、どなったり、ゆすったりして泣かせてしまう。でもそんなときも娘は、たいてい最後には笑って終わる。前回同じようなことが起こり、私が怒って娘をゆすったとき、娘はただ笑っていた。はっとした私は、手を彼女の胸に当ててみると、彼女の心臓はドキドキしていた。ああ、どれほどドキドキしていたことだろう。

カール・オーヴェ・クナウスゴール（Knausgård, K. O.）〔1〕

私は街中にある、たくさんの子どもが通う保育園の近くに住んでいるので、子どもを送ってくる親のストレスを目にするときがよくあります。恐らく、仕事に遅刻しそうだったり、車を停める場所を見つけられなかったり、子どもが早くに起きて協力的でなかったりするのかもしれません。子どもを迎えにくるときにはストレスはさらに増大し、マックスになっています。保育園は6時半きっかりに締まるので、時間との闘いなのでしょう（実際それに間に合わなかったらどうなるのでしょうか）。子どもたちは疲れて言うことを聞かず、親は「泣くのをやめないと公園に連れていかないよ」と脅したり、「泣くのをやめたら、食べに連れていってあげるから」と妥協案を出したりします。

保育園のドアが暗証番号ではなく、親が1分間瞑想して心音を落ち着かせると備え付けセンサーがそれを察知して開く仕組みだと想像してみてください。もしそうなら、どれほど状況は違ってくるでしょうか。親は否応なく、自分の精神状態を振り返り、もっと心を開き、心配りをした状態で子どもを預けたり、迎えたりすることができるでしょう。

育児ストレスによって、私たちは最悪な状態に陥ります。イライラと怒りにかられて爆発しては深く後悔するのです。このような経験が子どもに深刻な悪影響を与えることは、自分たちの子ども時代の経験からもわかっているからです。カール・オーヴェ・クナウスゴール[1]は、自叙伝のような小説を6冊書いていますが、その中で、一人の父親がストレスから子どもに怒りをひんぱんにぶつける姿が描かれ、それが子どもたちにどのような影響を与えたかが書かれています。

本章では育児ストレスが私たち人間の進化の過程でどのように起こってきたか、その影響、それをコントロールすることの難しさについて述べます。（私たちはよく、「仕方がない、もともとそういうふうに作られているのだから！」と言います。）しかし、このストレスに気づき、それを味わうことに焦点を当てることで、実際は危険がないのに「サバイバルモード」に陥ってしまうのを防ぐことができる点についても述べます。このスキルを身につけることにより、衝動にかられて行動することなく、自分の育児行動に気づくことができるのです。端的に言えば、私たちは自分がどう反応するかを選ぶことができるということです。

親にとって、子どもの問題以上に大きなストレス源はありません。私は、産休が明けて、生後3か月の息子をベビーシッターに預けて仕事場に着いたとたん「緊急事態」なのですぐ家に電話するように言われたことがありました。それを聞いた私は、子どもが死んだのか、事故に遭ったのか、病気なのかと、最悪の事態を想像し始めました。いざ電話してみると、何のことはなく、ベビーシッターが私から夕飯に買っておいてほしいもののリストを渡してもらうのを忘れたというだけのことでした

この例からわかるように、「緊急事態」という曖昧なメッセージを受けた瞬間に**危険スキーマ**[2]が発動するのです。スキーマとは、あるテーマに関連した知識や経験のいくつかが、ある形に形成されたものです。危険スキーマは、リスクや危険に関連していて、幼い頃から持っているもので、ある特定の信号によって活性化されます。その信号には、身体的に感じること（「ストレス」）、言葉（「緊急

事態」)、絵や写真(救急車)、あるいは思い出(「兄が10歳のときに事故に遭ったこと」)なども含まれます。

私たちは進化する過程で危険信号を最優先するようになり、危険信号に対しては、無害で肯定的な解釈よりも、破滅的な解釈をするようになっています。なぜなら、「実際は危険なことはないのに心配してしまう」ときよりも、「本当に危険なことが起こったのにその信号を無視してしまう」ときのほうが、被害が大きいからです。

草むらからガサガサという音が聞こえ、「ヘビだ!」と危険を察知するとき、その信号は高速ルートで脳に到達します。その場合は、前頭葉で考えたり、可能性を考慮したり、他の人の意見を鑑みたりするプロセスは抜かしています。この高速シグナルは扁桃体と大脳辺縁系に到達します。ここは、脳の原始的な部分で、生まれ持った恐怖心(落ちることに対して)や学習した恐怖(ヘビ)に直面するときに活発になり、それによって瞬間的に、考えなくても行動をとることができ、急いで危険から離れることができるのです。

危険な状況で瞬時に反応するという能力のおかげで、先祖は生き延びることができました。これは**闘争・逃走**反応(fight or flight response)といって、自分が生存する可能性を最大限高めるために闘うか逃げるかを本能的に選択します[3]。自動的に起こり、遺伝子を生き延びさせることを優先しているので、コントロールできません。子どもたちは私たちの遺伝子を持っているので、子どもたちが私たちの危険スキーマを他の何よりも刺激し、最大のストレス源になるのです。これには性差があります。その理由は、女性は確かにこの子は自分の子だとわかりますが、男性は、女性よりも多くの子どもを持つことができるためです。

闘争・逃走反応については実に多くの研究がなされてきました。特に男性を対象にしたものは多くありますが、近年の研究で明らかにされている反応は、特に女性でよく見られる、**思いやりと絆**（tend and befriend）反応です[4][5]。ストレスフルな状況下では、女性は男性よりもはるかにもっと、他の人とつながろうとするのです。子どもたちを自分のもとに置き（世話をし＝tend）、敵対者にほほえみかける（親しくなる＝befriend）と生存可能性が高くなる場合、女性はそうすることがわかっています。このことは、女性がストレスフルな離婚を経た後、父親から子どもを引き離そうとすることや、レイプ被害を受けた女性が、なぜ自分は加害者に対して抵抗せずに笑顔でなされるままにしてしまったのだろうと不思議に思うことからもわかります。私の個人的な経験では、ナイフで私のバッグに切りつけた男性に、最高の笑顔を見せたことがありました。

日々の親にとってストレスとなる親子間のやりとりや状況を見てみましょう。あなたの子どもが、何回も伝えたにもかかわらず、携帯電話を使っていて学校に行く準備をなかなかせずに、他のきょうだいも学校に遅れ、あなたが仕事に遅れてしまう場面や、10代の子どもがテスト勉強をろくにせずにひどい成績を持って帰ってきた場面、あるいは、日々の子どもたちとの関わりであなたが常日頃ストレスを感じている場面を思い浮かべてみてください。

体のどの部分にストレスを感じますか。心臓の鼓動が速くなったり、呼吸が浅くなったりするかもしれません。急に体がほてったり、あるいは冷えたりするかもしれません。筋肉が硬直したり、のどの渇きを感じたりするかもしれません。どんな感情があるのに気づきますか。

不安、恐れ、イライラ、落胆、悲しみなど、どんな感情があるのに気づきますか。どんな考えが浮かぶでしょう。「何て怠け者で自分勝手なの」「自分を困らせるためにわざとやっているんじゃないか」「試験に落ちたら、結局は親のせいになる。でも、いつも全員にとっていいようにすべてをうまくやることなんてできないわ」「自分はダメな親だ」等々、様々な思いが頭をよぎります。

このような状況で、あなたはまずどんな衝動を感じるでしょうか。実際どうするかではなく、最初に感じるのはどんな行動を促す**衝動**でしょうか。学校に遅刻しそうな場面では、子どもをつかんで玄関まで引っ張っていこうとする衝動や、無理やり携帯電話を取り上げようとする衝動を感じるかもしれません。どなりつけ、時間に間に合うように準備していた他のきょうだいに対して申し訳ないと思わせようとする衝動かもしれませんし、あるいはもうあきらめてその子どもは置いて出かけようとする衝動、ベッドに戻って布団をかぶって寝てしまおうとする衝動かもしれません。落第点をとった子どもの場合、そんなことをしていると将来どうなってしまうかについて一時間お説教をしたり、いつか、自分で生きていかなければいけなくなることを指摘したり、家庭教師の時間を増やすぞと脅したりしようとする衝動かもしれません。あるいは、あきらめて自分で解決させるために、もう関わらないでいようとしたり、子どものことを「怠け者」と呼んだり、「他の子はもっと良い成績をとっているのに」と比較したりしようとする衝動かもしれません。

次に、このようなストレスフルな状況と、それに対する進化論的視点に基づく反応について考えてみましょう。あなたの子どもが道路に飛び出し、そこに車がやってきていると想像してください。それを見るとき、心拍数が上がり、呼吸が速く浅くなり、汗ばみ、筋肉が硬直するなど、あなたの体には様々なストレス反応が起こります。これらの信号は、ストレスホルモンであるアドレナリンが活発に分泌され、体は闘ったり逃げたりする準備ができます。そんなとき、あなたはどんな反応をとるでしょう。子どもに向かって叫びますか？　道路から引っ張り出しますか？　意識的にどう考えているかに関係なく、自然に引き起こされる瞬間の反応は、目的通りの効果を発揮して、あなたの子どもは生き延びる（サバイバルに成功する）でしょう。

もちろん、この例と、朝の遅刻やテストの例との違いは明らかで、後者は生きるか死ぬかという問題ではないということです。きっかけは日常の子育て上の問題ですが、実際には、本物の危険に直面したときとまったく同じような身体的反応が起きています。つまり、信号は前頭前野をスキップして、高速ルートを通って脳にたどり着き、闘争・逃走反応を引き起こしているわけです。

ここで問題になってくるのは、実際は危険でない状況で衝動的に反応してしまうと、本来の目的を達成できない場合があるということです。実際、衝動的な反応は親子関係を悪化させます。子どもに向かって叫べば、争いや混乱はさらに増します。親が意図していることがいかに良いものであっても、忍耐を失って子どもをののしったり、ぶったり、ドアを感情的にバタンと閉めたり、子どもを置いてその場からいなくなったり、暴力的に脅したり、子どもにとって予測できないようなことをしたりしたら、その影響は消えず、親子関係に長期的な悪影響を与えてしまうでしょう。（第5章では、子どもと険悪な関係になった後、起こり得る悪影響にどう対処すればよいかについてお伝えします）

人間と他の哺乳類との違いは、ストレスフルな状況に置かれたとき、自動的に反応すること以外のこと、つまり考えることができるということです。残念ながら、実際は考えることが必ずしも助けにならない場合もよくあります。心配して何度も反すうしたり、最悪の事態を想像したり、自分のこととして受け止めてしまったりして、ストレスフルな事態をさらに悪化させてしまうこともあります。トーマス・ボーコベック（Borkovec, T.）[6][7]の研究では、ネガティブな思いを抱き続けることで、解決方法や意味を考える機会を得て、驚くことにストレスが軽減する場合もあることが示されていますが、通常は、心配は良くありません。

さらに言えば、心配しすぎるために高い代価を支払うことになります。問題について考えてばかりいると、そこから離れることができず、罪悪感や憂鬱感、無力感や絶望感のわなにはまってしまうのです。これが多くのストレス関連の病気を引き起こす主な理由です。瞑想の教師であるエックハルト・トール（Tolle, E.）[8]は、「考え」が持つ力について調べました。私たちがある考えに浸りきって、その思いを何度も何度も思い浮かべているうちに、それを完全に信じ込むようになると語っています。実際彼は、私たちが考えていることの90％はまったく不要なことだと推測しています。

育児ストレスを感じるときに湧き起こるネガティブな感情が、以下の禅問答（zen-koan）[7]によく描かれています。（禅問答の目的は、質問を尋ねることにより、疑いを引き起こし、進歩や成長を確認することです）

【問答1】片手で打つ拍手の音はどのようなものか？

【答え】片手で打つ拍手の音は、片手で打つ拍手の音である。

【問答2】子どもが言うことを聞かない音は何か？

【答え】子どもが言うことを聞かない音は子どもが言うことを聞かない音である。

【問答3】私の子どもが言うことを聞かない音は何か？

【答え】私の子どもが言うことを聞かないときに聞こえる音は、「私は子どもをコントロールできない」という音であり、「コントロールできなければいけない」という音であり、「私はろくでもない親だ」という音であり、「どうしたらいいかわからない」という音であり、「この子は嫌いだ」という音であり、「そんなふうに感じてはいけない」という音であり、私の失敗の音である[9]。

これまで述べてきたことをまとめると、以下のようになります。人類はすばやく危険を察知するように進化し、曖昧な信号やストレスフルな状況に直面すると最悪の事態を考えるようになりました。特に親は、子どものことになると、この反応が強化され、たとえ危険でない状況でも同様の反応を見せます。そのような場面で、闘争・逃走反応によって瞬時に反応しても、本来の目的を達成するためには何の役にも立ちません。自分のストレスをコントロールしようとして状況についてあれこれ考え始めますが、単に事態を悪化させるだけです。これらのことはすべて自動的に起こり、制御できません。しかし、子どもにとっては害になります。では、私たちはいったいどうすればよいのでしょうか？

これに対する答えは、「自分のストレスに気づく」ということです。体に注意深く意識を向けることによって、ストレスを感じ始めたときにそれに気づけるようになります。瞑想するにつれて、自分の体で起こっていることや衝動的な反応に波長を合わせ、察知することができるようになるのです。例えば、静座瞑想をしていてかゆみを感じるとき、その部位をかこうとする衝動に気づき、かいてしまうと余計にかゆみが増すということを理解します。

ストレスを感じている最中に、自分の体でどんなことが起きているかに気づくことによって、闘争・

逃走反応を引き起こす高速の信号が送られるのを防ぐことができます。注意を向ける練習をして、メタ認知（自分がどのように考えているかを考える）レベルでストレスを眺めることで、自分に時間と空間を与えることができるのです。それによって、瞬間的に反応してしまうのを防ぎ、脳の意識的な部分を活性化することができます。

自分の緊張が高まってきて、衝動的な反応をしそうになっていることに気づけば、自動反応を遅らせ、ビギナーズマインドで今の状況を見る余裕も生まれます。そうすると、自分の見方だけでなく、相手の視点でも見聞きし、考えられるようになり、行動する前に、その行動をしたらどうなるかも思い描くことができるようになります。こうして、別の方法で反応する余裕を作り出すことができ、衝動的に行動する代わりに、合理的な答えを選ぶことができるのです。もちろん、そうしたければ、子どもの首をつかんで学校に引っ張っていくことも選べます。でも、最近私は、熟考したうえでの怒りと、自動的に反応している怒りの違いに気づくことができました。後者の怒りはたいてい、自分の心の状態を反映しているのです。

定期的に瞑想することで、常時感じるストレスのレベルそのものが低くなります。歯を磨くのと同じように、誰でも瞑想を毎日の習慣にできます。瞑想は心のメンテナンスですから、何かをする時間でなく、ただ「存在する」ための時間と空間を毎日とることが大切です。最初は葛藤を感じるかもしれません。「そんな時間はない」とか「疲れている」とか「つまらない」とか「そんなことしても役に立たない」という思いや、何もせずにただ座っていることに罪悪感を抱くかもしれません。でも、瞑想によって得られる素晴らしい効果を体験するには、ただそれをやってみるしかないのです。ですから、瞑想も歯磨きと同じように、何の疑問も抱かず、そうしたいかどうか、それをする時間があるかどうかに関係なく、日々のセルフケアの一部としてスケジュールに組み込むことが大切です。

実践

エクササイズ 3.1

音と考えに注意を向ける静座瞑想

DL Track 03

音声ガイダンスはこちらから▼

この瞑想では、部屋の中の音、体の中の音、外から聞こえてくる音など、様々な音に対して自分を解放し、耳を傾けます。ビギナーズマインドを意識して音に耳を傾け、それが何の音であるかを判断して「鳥」「車」「子ども」などとラベリング（名前を付けること）することなく、ただそのリズム、音、音の大きさ、音質、音の場所、音が移動していくのかとどまるのかに耳を傾けてみます。次に、音に対する注意を手放して、考え（イメージ、思い出、内なる対話、計画）を少し遠くから眺めてみます。自分の考えを、事実ではなく単なる考えとしてとらえ、それが何であるかを定めないでおきます。すると、考えが持つ力、考えがいかに私たちを別の気分に連れまわすか、考えのほとんどがいかに目的もなく、直接の体験から私たちを引き離してしまうかを発見します。

エクササイズ 3.2

呼吸空間法

DL Track 04

音声ガイダンスはこちらから▼

一日の中で二度、自分が今どんな状態かを確認する時間をとります。思い出したときにしてもよいですし、あるいはスマートフォンなどで時間を設定しておいてもよいでしょう。およそ3分を使い、それぞれのステップに1分ずつかけます。最初は〈Track 04〉を使ってもよいでしょう。

1．自分を確認する

今この瞬間に注意を広げられるような姿勢をとります。座っても、立っても、横になってもよいでしょう。そうしたければ目を閉じます。内なる経験に注意を向けます。今ある体の感覚、感情、考え、また何かをしたいという衝動があるかどうかに気づきます。そして、その体験に言葉を付けます。「怒りを感じている」「自分を責めている」「のどが渇いている」「体を起こそうとしている」。そして、「何があっても大丈夫。それを感じてみよう」と自分に語りかけてみます。

2．呼吸に注意を向ける

次に、すべての注意を呼吸に向けます。息を十分に吸い切って、その後、息を十分に吐き切ります。

何も変える必要はありません。ただ、一呼吸ごとに、穏やかな呼吸のリズムに従ってみましょう。

3．注意を広げる

今度は、注意を体全体に広げてみましょう。不快感にも気づいてみます。体全体が呼吸しているかのような感覚です。座っていても、立っていても、寝ていてもよいので、自分の体の長さや横幅、体積や重みを感じてみましょう。姿勢や顔の表情も意識してみましょう。この後の一日を、このようにしてより意識して、今この瞬間に注意を向けて過ごしてみましょう。

エクササイズ 3.3

育児ストレスを観察する

今週、育児ストレスを感じる出来事や状況に注意を向けてみましょう。子どもに関してストレスを感じる瞬間に気づき、体にはどんな変化が生じているか、どんな衝動を感じているかを観察します。このとき、心を開いて、好奇心を持って、価値判断しない態度でただ観察するようにしてみます。体で感じるストレスやそれに伴う衝動について、ネガティブな思いや、破壊的な思いが浮かんできたら、ただそれに気づきましょう。

また、育児ストレスモードに入る直前にどんなサイン（兆候）があるか気づいてみましょう。それに気づいたら、呼吸空間法をしてみたり、今この状況で自分に必要なことは何かを自分に尋ねてみたり（エクササイズ2・2参照）、あるいは、手を胸に当てる瞑想（エクササイズ2・3参照）をしたりすることで、うまく切り抜けられるようになるでしょう。また、パートナーや子どもに、このサイン（兆候）に気づけるように助けてほしいと頼むこともできます。あらかじめ相談して合図を決めておき、パートナーや子どもからその合図をもらったら、自分に何が起きているかを感じるために一歩引いてみたり、必要なら呼吸空間法をしてみたりしましょう。

育児ストレスモードに入ってしまったときはいつでも、次の七つの質問への答えをノートに書き出すことができます。答えの例を参考にしてください。

1．状況は？

【答え】明日テストがあるのに、何をしなければいけないか子どもが覚えていない。友達に電話して聞けばいいのに、「今さら聞けない」と言っている。

2．体はどんな感じ？

【答え】熱い。汗。心臓がドキドキしている。

3．どんな感情がある？
【答え】不安。イライラ。怒り。
4．どんな考えが浮かんでくる？
【答え】こんなことをやってたら、テストでも点がとれないし、一生ちゃんとやっていけない。私を困らせようとわざとやっている。私はちゃんとやっているのに不公平だ。
5．どんな衝動に気づく？
【答え】怒りを爆発させたくなる。子供を置いてどこかに行ってしまいたくなる。叫びたくなる。
6．呼吸空間法・セルフコンパッションを試してみた？
【答え】呼吸空間法をやってみた。
7．どうだった？
【答え】イラッとはしたけど、本人も頑張っているから、かわいそうだなとも思った。自分が心配してることに気づいた。

文献

[1] Knausgard, K. O. (2012) *My Struggle, Book one*. New York: Archipelago Books.

[2] Mathews, A., & Macleod, C. (1985) Selective processing of threat cues in anxiety states. *Behaviour research and therapy*, *23* (5), 563-569.

[3] LeDoux, J. (1996) *The emotional brain: The mysterious underpinnings of emotional life*. New York: Simon and Schuster.

[4] Taylor, S. E., Cousino Klein, L., Lewis, B. P., Gruenewald, T. L., Gurung, R. A. R., & Updegraff, J. A. (2000) Biobehavioral responses to stress in females: Tend-and-befriend, not fight-or-flight. *Psychological Review*, *107*, 411-429.

[5] Turton, S., & Campbell, C. (2005) Tend and befriend versus fight or flight: Gender differences in behavioral response to stress among university students. *Journal of Applied Biobehavioral Research*, *10*, 209-232.

[6] Borkovec, T. D., Alcaine, O., & Behar, E. (2004) Avoidance theory of worry and generalized anxiety disorder. *Generalized anxiety disorder: Advances in research and practice*. New York: Guilford Press.

[7] McLaughlin, K. A., Borkovec, T. D., & Sibrava, N. J. (2007) The effects of worry and rumination on affect states and cognitive activity. *Behavior Therapy*, *38*, 23-38.

[8] Tolle, E. (1999) *The power of now: A guide to spiritual enlightenment*. San Fransisco, USA: New World Library.

[9] Coyne. L. W. & Wilson, K. G. (2004) The role of cognitive fusion in impaired parenting: An RFT analysis. *International Journal of Psychology and Psychological Therapy*, *4*, 468-486.

第4章

親の期待と真の子どもらしさ

無限の可能性

あなたは子どもが本当はどこから来たかを知らない
あなたは「私の」子どもと言うが
あなたの子どもは、より偉大な「神秘」に属している
あなたは、この「神秘」の名を知らない

しかし、「神秘」はあなたの子どもの本当の母と父なのだ

あなたの子どもは、生まれながらにして多くの可能性に満ちている
あなたのなすべきことは、彼らの可能性をせばめることではない

「あなたにはこれとこれはできるけれど、ほかのことはできない」と言ってはならない

自分に何ができ、何ができないかは、子ども自身が見いだすだろう

あなたが親としてなすべきことは、子どもが人生の偉大な神秘に心を開けるように助けることだ

こう尋ねてみると面白いだろう
「自分は無意識に、どんな制限を自分に与えているだろうか」

子どもが自分の地平線をあなたの地平線以上に広げるのは難しい

自分の考えの枠を広げるために、今日何かをしてみよう
そして、子どもの手を取り、同じことをするようにやさしく勇気づけよう

『親の道徳経（*The parent's Tao Te Ching*）』[1]

私が育った家庭では、多くを達成することが重要だと考えられていました。最近姉が、昔のことを思い出してこんな話をしました。オランダでは学校の成績は10段階評価で10がいちばん良いのですが、我が家では平均点が7だったら「牛乳」、8だったら「生クリーム」と言われ、姉は牛乳で私は生クリームだったのですが、姉はそれですごく傷ついていたというのです。でも、私自身はほめられた覚えがありません。姉は姉でスポーツなどたくさん私より優れている点がありましたが、やはりほめられたことはあまりないと言っていました。

両親もきょうだいも皆スポーツが得意でした。きょうだいたちは選抜チームに選ばれ、賞を取り、スタミナもあり、特にホッケーやアイススケートは特別でした。私のホッケーの思い出はといえば、濡れて、寒くて、パックが自分に飛んでくるのが怖くてたまらず、パスが変な方向に飛んでいったらどうしようと心配し、他の女の子たちとシャワーするのが大嫌いでした。スケート競技でも年下のきょうだいに負けるのが恥ずかしくてたまらなかったし、何度も転んでは笑われました。私は、温かくて心地よいソファに座って日記を書いたり、音楽を聴いたりするほうがずっと好きでした。約半世紀が経った今はようやく、それも自分の成長や発達には大切だったのだと気づきましたが、私が部屋で何をしているかについて、両親が関心を持っていたかどうかは覚えていません。

ほとんどの親は、初めての子どもが生まれるとき、その子は完璧だと思っています。でも、子どもが成長するにつれて、この妄想は落胆に取って代わります。傷つきやすさや完璧主義、恥について多くの著書を書いている研究者であり作家であるブレネー・ブラウン（Brown, B.）[2]があの人気のＴＥＤトークでこう話しました。「私たちは生まれたばかりの子どもを腕に抱き、『あなたはみんなと同じように不完全です。でも、無条件の愛と注意を受けるに値します』と言うべきです」[3]と。

子どもにピアノの才能があるとわかると、ピアニストとして開く最初のリサイタルを夢見ますし、文章がうまければ、作家になることを考えます。考えることが得意なら、アカデミックな職業を考えますし、サッカーばかりやっているようなら、プロのサッカー選手になった姿を空想します。親は皆、子どもが特別な才能を持っていて、「この子の才能は私からの遺伝なのだ」と間接的な賞賛を受けたいと密かに望むのです。

子どもが、学校の成績や大学、就職、見た目の良さ、人気、頭の良さ、スポーツや芸術など、何らかの才能を発揮すると、自分たち親の社会的な立場も上がるように感じ、反対に子どもが成功しなければ、自分の価値も下がるように感じます。他の親から、その人の子どもたちがどれほど優秀かを聞かされるとき、その成功を単純に喜び、その親の誇らしい気持ちを共に味わうのが難しい場合もあります。潜在意識の中で、自分とその親の状況を比べ、その結果自分がちっぽけに感じてしまうのです。

仏教の**アナッタ**（無我）という概念は、この問題の助けになるでしょう。アナッタとは、変化しない自我、永続する自我は存在しないという意味です。ロン・シーゲル（Siegel, R.）はこのように説明しています。

マインドフルネスのシンプルな実践を続けると、首尾一貫した永続する自我というのは、この「私」の周りで常にぐるぐると回り続ける、ただの幻想であることがわかるだろう。そしてその幻想は、内なる対話によって生かされている。私たちは目を覚ましている間は常に、「夕飯に何を食べるか」といった日々の選択から、死にいたる病への恐れまで、頭の中の対話はとめどなく続く。これに始終耳を傾けていると、この人生のドラマにはヒーローがいるに違いないと思い始める。しかし、マインドフルネスを長く、頻繁に実践し続けると、この自分の価値に対するイメージはときほぐされる。私たちが創り上げた小さなヒーローは、「私」として定着したイメージでしかなく、自分の頭の中ではよく会っても、実際に出会うことはないのだ。[4]

アナッタの考え方で、親についてとらえ直すと、どのようなことに気づくでしょう。実際には、変わらない**私**はないこと。そして、子どもたちは**私の**子どもではなく、ただ、子どもであること。そして、**私の**子育てではなく、ただ、子育てであること。そのようにとらえることによって、私たちが子どもに抱く期待はどのように変わってくるでしょうか。例えば、教育について考えてみてください。学校教育について子どもに望むことは自分が受けた教育や自分の親が受けた教育、そしてまたその親の教育から、どれほど影響されているでしょうか。

真の自分自身などないこと、また子どもは、たとえ自分の遺伝子を受け継いでいるとしても「私の」子どもではないことに気づくとき、自分を大した人物とは考えなくなり、自分と子どもや、子どもと他の子どもとを常に比較するのをやめるようになります。そうやって初めて、子どもたちが真に経験していることに注意を払えるようになります。単に子どもを親の期待に応えさせようとするのではなく、彼らを真に動機づけ、勇気づけるものは何かに注意を向けられるようになります。マインドフルペアレンティングを実践することで、子どもの真の性質を知るようになります。子どもは自分の延長でもなければ、自分の期待の投影でもないことに気づきます。私たちが自分の子どもに対して抱く期待の多くは、自分が親からかけられ、それに応えられたなかったものであることもよくあります。

では、親の期待は子どもにどのような影響を与えるのでしょうか。すべての子どもは愛と関心を必要としています。子どもは、親の期待に沿うと親の愛や関心を受けやすいことがわかると、親から与えられる目標を達成しようと一生懸命に頑張ります。作家のグリエ・オプ・デ・ビーク（de Beeck, G. O.）はかつてこう言いました。「親が子どもに対して抱く無条件の愛は存在しない。子どもが親に対して抱く無条件の愛があるだけだ。なぜなら、子どもは完全に私たちに依存しており、私たちを無条件に愛しているので、私たちを喜ばせる事柄に集中しようとする。しかし、そうすることによって、子どもは、自分の真の姿を見失う危険がある」[5]。文学の研究者であるジョーゼフ・キャンベル（Campbell,

こ）はこう書いています。「誰かの生き方にならうなら、自分の可能性に到達することはない」[6]

私は、娘のラテン語の教師からこう言われたことがありました。「娘さん自身はそう思ってはいませんが、彼女には達成不安があり、私はそれに対応できるように助けようとしました」。私は、彼がどうやってそのようなことができたのかとても知りたいと思って尋ねると、「転移0％ですよ！」と説明してくれました。私は今、心理療法士として、「転移」という言葉を知っています。「転移」とは、患者と患者にとって重要な人物との過去の関係が、心理療法士との関係に移されることです。過去のことが現在も無意識に繰り返されているといえます。患者は、特に親との関係において抱く感情や願いや経験をセラピストに投影し、自分の特性や感情を押しやろうとするのです。教師が自身の感情や願いを子どもに投影するなどとは考えたことがなかったので、恐らく私がいぶかしげな表情でいたのでしょう。先生は続けてこう言いました。「頭がいいからという理由で彼女に多くを期待することをやめるようにしたのです」。それを聞いて私は立ち止まって考え、自分が娘に投影する期待について大切な教訓を学びました。

自分が子どもや自分自身にかけている期待にもっと気づきましょう。それらは親からかけられた期待、また親がその親からかけられた期待からも影響を受けています。自分にかけられた期待が良い意味でも悪い意味でも自分にどのような影響を及ぼしてきたかを考えてみましょう。子どもは皆、親があるがままの自分を喜んでくれ、ほめてくれ、特別なことをしなくても愛してくれることを望んでいます。ただそのままを受け入れてほしいと望んでいるのです。これは、私たちが恋人に望むことでもあり、恋人が私たちに望むことでもあります。

マインドフルネスを実践することで、自分の考えは自分自身と同一のものとはとらえなくなり、一歩引いて自分の考えを観察することができるようになります。すると、自分が置かれている状況や場所、自分がどんな人物かを示す社会的な立場について、自分がどれほど気にかけているかに気づくようになります。どれほど大きな家に住んでいるか、どんな洋服を着ているか、どれほど魅力的な伴侶を持っているか、どれほど面白い人生を送っているか、どれほど立派な友達を持っているかなどです。親の立場で言えば、子どもが、公共の場でどれほどお行儀がいいか、どれほど頭がいいか、どれほどかわいいか、どれほどスポーツが得意か、どれほど人気があるかなどです。問題は、あることについては人より秀でているために非常にいい気分になれたとしても、常に上には上がいて、別のことについては他の誰かより劣っているということになります。ですから、目標とすべきは「完璧（欠点がない状態：perfect）」になることではなく、「完全（すべてを含む状態：whole）」になること、つまり、自分の様々な要素を伸ばすことなのです。

子どもがサッカーのチームに選ばれなかったと言ってがっかりして帰ってきたとしたら、こんなふうに元気づけてはいないでしょうか。「大丈夫だよ。成績はクラスでもいいほうだし、走るのだって得意じゃないか」。しかしそれよりも、自分の幼い頃の失敗談を話すほうが助けになるかもしれません。

ただそのときに大切なのは、共感と承認を忘れないことです。「学校でゲームをするとき、二つのチームに分かれて、リーダーが自分のチームに入れたい人を順番に選んでいくんだ。ずっと自分の名前が呼ばれなくて、最後の最後に選ばれたとき、すごく自分がちっぽけで、どうでもよくて、誰からも必要とされてないいんだって感じたのを覚えているよ。すごくつらかったな」。このようにすることで、子どものつらさと本当の意味でつながることができます。もしも自分がそのときどんなつらい状況にいたか、選んでもらえるのを待っていたのにまた最後になってしまったときにどんなことを必要としていたかに今気づくことができれば、子どもが今どんな経験をしていて、どうしたら助けになれるかをもっとよく理解できるかもしれません。

さらに言えば、自分が子どもだったときに経験したつらさに向き合わなければ、大人になってそれに向き合うことを避けてしまう傾向があります。そうすると、子どもが同じような状況に陥ったときに助けになることができません。私は子どもの頃、自分にこう言い聞かせていたことがありました。「私は、バレーボールは得意じゃないけど、みんなより頭はいいわ」。そう考えて、選んでもらえなかったつらさにふたをしようとしていました。でももしも今、子どもに同じことを伝えたとしたら、いまだに自分のつらさに向き合うことを避けているばかりか、子どもたちにも、自分のつらさを大切にケアすることをしないように教えているのです。仲間外れにされたと感じるときに活発になる脳の部分は、身体的な痛みを感じるときに活発になる脳の部分と同じです。仲間外れにされるというのは本当につらいことです。ある実験で、人から拒否された後にアスピリンをとると、苦痛が和らぐことが示されました[7]。拒否されたときの鎮痛剤は、慰めとサポートです。それを他の人から求めることもできますが、セルフコンパッションを通して、自分自身に与えることもできるのです。

期待というと、ほとんどの場合、不安やストレスを引き起こすような高い目標など、現実からかけ離れたものを想像します。でも、低い期待も子どもの発達を妨げます。親が子どもの興味や望みをサポートしない場合も（例えば、自分が大学を出ていないから子どもにも大学に行くのをやめさせようとするなど）、子どもの真の性質に気づくことができません。

型にはめた期待もまた、子どもにとって害になります。女の子にとって、姉妹しかいない家庭で育った場合、男のきょうだいがいる家庭で育つ場合よりも、より高い発達を遂げることがわかっています。それは、父親は本能的に男の子に期待をかけるからです。同じことが女子校でもいえます。共学校の場合、教師はより男子に期待するので、女子は女子だけの学校にいるほうが伸びるのです。ある実験研究では、3歳の子どもが研究室において、ボールを投げたり、パズルをしたりする課題に取り組むとき、男の子も女の子も同じくらい上手にできたとしても、母親と父親は娘よりも息子に肯定的な言葉かけをし、娘には否定的な言葉かけをすることがわかりました[8]。親の否定的なフィードバックもまた、子どもが課題に取り組む際に抱く恥の感情と関連しています。このような研究から、親の期待は自身の個人的背景、性に対する固定概念によって歪み、この歪んだ期待が子どもたちにどのように影響を与えるかがわかります。

これまで述べたことをまとめてみると、親は子どもに、子どもが持つ真の性質に合わない期待を投影しがちであり、そのような期待は子どもの発達に害を与えるということです。この期待は、自分に向けた意識が基になっており、子どもを自分自身の延長ととらえることから起こります。また、自分自身が達成できなかった期待を、子どもを通して達成しようとしていたり、あるいは自分の親からかけられていた期待に根差していたりもします。また、性に対する固定概念などの文化的要因によっても強く影響されます。

子どもたちは独立した存在であり、それぞれが自分なりの発達を遂げる権利があるので、親は期待という重荷を負わせないようにすべきです。アルバート・アインシュタイン（Einstein, A.）はこう言っています。

もしも人が罰を恐れ、報酬を得たいという理由だけで善良であるなら、非常に残念なことだ。

実践

エクササイズ 4.1

見る瞑想

窓の前に5分間座り（あるいは立って）、見る瞑想をしてみましょう（アラームをかけます）。

まず、しばらく目を閉じて、今座っている（立っている）感じや、床や椅子に体が接している部分を感じる時間をとります。そして目を開け、ビギナーズマインドで、まるで初めて見るかのように外を眺めてみます。「鳥」「木」「車」といったラベルを貼らずに、ただその形や、光や影、色、動きを観察します。ズームインして、細かい部分に焦点を当てて見たり、またズームアウトして全体を見てみたりしましょう。

自分の注意が、ある物にとどまるかどうかに気づいてみましょう。美しいと思いながらも、自分が魅力的だと思わない部分は目に入っていないかもしれません。美しい、あるいは美しくない、という固定概念を捨てて、目に見えるすべてを受け入れ、歓迎し、**平静で平安な心を保つように**練習してみましょう。

また、この瞑想の間、自分が感じることにも気づいてみましょう。自分がネコだと想像して、窓にじっと座って外を眺めていると考えましょう。あるいは、自分が写真家や画家で、この風景を写真に撮ろうとしている、あるいは描こうとしていると想像してみましょう。そして、経験したことを記録してみましょう。

この「見る」瞑想を今週何度かやってみましょう。窓際だけでなく、リビングなど、どこでもよいのでやってみましょう。「整理整頓されていない」「汚い」などといった自分の意見や考えを捨てて、あるがままを、絵に描くようにとらえてみましょう。もしもそうしたかったら、実際に絵に描いてもよいでしょう。花瓶に入った花を5分間眺めたり、公園のベンチに座って眺めたりしてもよいでしょう。何であれ、価値判断せずに、ビギナーズマインドで見てみましょう。

エクササイズ 4.2

十分な注意を向けて子どもと向き合う

今週、毎日5分間、十分な気づきとオープンな注意を向けて子どもに向き合います。一緒に遊んだり、話したり、庭仕事をしたり、料理をしたりしてみましょう。子どもと過ごしながら、何もコントロールしないという姿勢をとりましょう。親が主導して何かをさせるのではなく、ただ子どもがすることを見て、一緒にそれに加わってみましょう。もしも自分が子どもとのやりとりをコントロールしようとしているのに気づいたら、ただそれを観察して、手放しましょう。このエクササイズをする間、携帯電話など、気をそらせるものはすべてスイッチを切っておきます。5分は短いように思えるかもしれませんが、実際にやってみるとかなり長いことに気づく人も少なくないでしょう。それは単に、5分間何かに集中するということがないからかもしれません。この経験について書き留めておきましょう。

エクササイズ
4.3

子どもの真の性質を観察する

様々な瞬間をとらえて、子どもを観察します。例えば、遊んでいるときや本を読んでいるとき、また、リラックスしているときやゲームをしているときなどです。子どもは特に何に興味を持っているのだろうか。子どもの注意を引くものは何だろうか。どんなことで喜ぶのだろうか。何が彼らをやる気にさせるのだろうか、と観察してみましょう。

普段はあまり注意を払っていなかったり、目を背けていたり、親がいないところで子どもが過ごしたりしているために見逃している瞬間や活動や状況を捜してみてください。テレビゲームなど、自分が嫌悪感を抱いているかもしれないことや、自分は決して理解できないことや、男性/女性特有の考え方に合わないものや、普通は一人にさせておくような場面について考えましょう。

エクササイズ 4.4

期待について考える

あなたの親はあなたにどのような期待を抱いていましたか？　あなたが知っている範囲でノートに書いてみましょう。親からの期待は、あなたが「様々な要素を併せ持った、完全な（whole）個人」（p.84 参照）に成長するうえでどのように妨げや、あるいは助けになりましたか？

あなたは子どもにどんな期待を抱いていますか。書き出してみましょう。あなたの子どもは、あなたの期待からどのような負担、あるいは喜びを受けているでしょうか。あなたの期待は、子どもが「完全な個人」に成長するうえでどのような妨げや助けになっているでしょうか。

文献

[1] Martin, W.（1999）*The parent's Tao Te Ching: Ancient advice for modern parents*. Philadelphia, USA: Da Capo Press.

[2] Brown, B.（2013）*The power of vulnerability: Teaching of authenticity, connection and courage*. Louisville, USA: Sounds True.

[3] Brown, B. *The power of vulnerability*. Ted Talk. Available at: https://www.ted.com/talks/brene_brown_on_vulnerability（取得２０２０年１月）

[4] Siegel, R.（2016）Conference: *Achtsamkeit und Mitgefühl in Therapie und Gesellschaft*, Freiburg, 23-25 Sept. 個人的会話

[5] VPRO（2016）*Zomergasten in vijf minuten – Griet op den Beeck*. Available at: https://www.youtube.com/watch?v=E8e1Hl0ACQQ（取得２０２０年１月）

[6] Campbell, J.（1990）*The hero's journey: Joseph Campbell on his life and work*. Novato, USA: New World Library.

[7] Nathan DeWall, Laboratory of Social Psychology, University of Kentucky.

[8] Alessandri, S. M., & Lewis, M.（1993）Parental evaluation and its relation to shame and pride in young children. *Sex Roles*, *29*, 335-343.

第5章

亀裂と修復

絆を強める

我々は、修復せずにいるものを繰り返す。

クリスティン・ラングレー＝オバウ（Langley-Obaugh, C.）〔1〕

人が互いに気遣いながら共に人生を過ごしたとしても、葛藤や言い争いは必ずあります。平均で、きょうだいは1時間に1回、親子は一日に1回言い争いをすると言われています。欧米の夫婦の約4割が離婚にいたると聞けば、すべての家庭でどれだけの言い争いが繰り返されているかは容易に想像

がつくでしょう。

家族が言い争いをするのはごく当然ともいえます。互いの目標が一致しなかったり、相反したりすることがよくあるからです。娘の朝の目標が、学校に行くのに「素敵」に見えることだとしたら、しばし洗面所を独り占めするでしょうし、一方で、ぎりぎりまで寝ることが目標の息子は、最後の最後になって準備するので、一つしかない洗面所をめぐって争いが起こります。どちらかが鍵をかけてもう一人を締め出す、というような、ちょっとした事件が頻発するわけです。家族の人数は減っているのに洗面所が二つある家が増えているのは、そのせいかもしれません。

すでに成人した我が家の子どもたちが、昔、小さな白黒テレビのそばに座って、誰が何を見るかでけんかしていたのを今もよく覚えています。しばらくしてリモコンが登場すると、今度は誰がそれを使うかでもめていました。今はそのいさかいを防ぐために、多くの子どもが自室にテレビを持っているのでしょうか。

最近私は10代の二人の姪がひどい言い争いをするのを目撃しました。三世代にわたる総勢25人の親族が集まって、気の置けないクリスマスパーティーをしたときのことです。森の中の、古びた小さなコテージに泊まったのですが、そこにはバスルームが一つしかありませんでした。姪たちのベッドの上にはコンセントがあり、夜の間、携帯電話の充電ができるようになっていました。クリスマスプレゼントにフェースマッサージャーをもらった妹のほうは、自分のコンセントにそれを差し、姉のコンセントに自分の携帯電話を差していました。姉のほうがそれを抜いて自分の携帯電話を差したことから勃発した口論は1時間続き、解決にいたりませんでした。一緒の部屋に寝ていた叔母の私は、布団をかぶってその言い争いがどう展開していくかを興味津々で聞いていました。まず、調停役に母親が呼ばれ、次に父親が呼ばれ、姪たちは両親がいなくなった後もけんかを続けたあげく、結局疲れ切って寝てしまいました。

私はまず、姪の両親である、妹夫婦に感心しました。それぞれ自分なりの方法で口論を解決しようとし、ストレスに対処し、子どもたちのいる前で互いに傷つけ合うことはありませんでした（これについては第6章でさらに述べます）。私は心の中で、たかだかコンセントで娘たちが大げんかをしていることを煩わしいとか恥ずかしいとか感じてはいないのだろうか、みんな寝ようとしているのに、小さなコテージで自分の子どもたちがわめいていることに心を痛めていないのだろうか、みんなからどう思われているか心配してはいないのだろうか、あるいは、プレゼントをもらったのにそんなことをして何てわがままなのだろうぐらいにしか思っていないのだろうか、などと考えていました。

もう一方で私は、自分の嫌な気持ちや怒りをそんなふうに表現できる姪たちに感心しました。もしも私が幼い頃、そんなことができたら、自分のせいで自分やきょうだいが怒られたり、親同士がけんかしたりするのではないかと心配せず、自分の気持ちを自由に表現できたら、もっと違った大人になっていたかもしれないと思いました。姪たちが、自分の不満をそれほど恥ずかしげもなくぶつけられるほど、この世は安全だと感じていることを、うらやましくさえ思いました。結局、けんかや口論はごく健康的なことであり、親にできる最善は、子どもたちが訳のわからない、理不尽な怒りを安心してぶつけられる家庭環境を作ってあげることなのです。でも、そのためには努力が必要です。

言い争うと、互いの関係に亀裂が入るように感じます。でも、言い争いは互いに近くなり、関係性を深めるチャンスでもあります。私自身も、怒りをコントロールできるときと、疲れやストレスがたまったりしてどうしようもない状況で怒りをぶつけてしまうときの両方を経験してきました。完全に自制心を失ったときのことを今もはっきりと覚えています。離婚したばかりの頃、よく晴れた水曜日の朝、当時6歳と3歳だった二人の子どもをプールに連れていきました。何年も待った末にようやく会員になれた、町の中心街にある、緑に囲まれた会員制のプールでした。友達や知り合いも多くいました。芝生でピクニックをしたり、子どもたちは他の子どもたちと遊んだりして、砂、太陽、水を思う存分楽しみ、素晴らしいひとときを過ごしました。離婚してもそのような時間を持てることがとても嬉しかったのを覚えています。前よりも幸福を実感でき、まるで時間が止まったかのように感じたものでした。

それが何だったかは覚えていませんが、とても大切な用事があって帰らなければならない時間になり、どうしても帰りたくない6歳の息子は、洋服を着なかったり、あちこちに行って隠れたりして邪魔しました。一方、走り回る3歳の娘のことも、おぼれないように注意しなければなりませんでした。傍《かたわ》らに夫がいなくてもちゃんとやれるのだということを証明したかった私は、息子を追いかける間、誰かに3歳の娘を見ていてくれるように頼むこともせず、一人で何とかしようとしていました。

何をどうやって切り抜けたのか記憶は定かではありませんが、気がつけば、三人で自転車に乗り、家に向かっていました。娘を補助椅子に乗せ、持ち物を全部積み込んで自転車をこぐ私の隣には、息子が一人で自転車をこいでいました。何とか時間通りにプールを後にできてよかったとほっとしながらも、私は怒りにまかせて息子を叱りました。すると急に息子が別方向に走り出し、道路わきに自転車を乗り捨てて逃げてしまったのです。私は自転車を降りて娘を抱え、息子を追いかけながら、力の限り叫びました。ようやく追いつくと、息子は泣き始め、私を見つめてこう言ったのです。「ママ、ママから、そんなに怒られたら、ぼくは大切じゃないんだって感じちゃうよ！」と。私は何も言わずにただ立っていました。私の行動が息子にどんな影響を及ぼしているかをはっきりと教えてくれた、その宝物のような言葉に、私はどれほど感謝していることでしょう。それこそ私が学ぶべき教訓であり、修復しなければならない亀裂でした。

ジェリー・ルイス（Lewis, J.）［2］によれば、親と子どもの関係は、人が育むことのできる最も重要な関係です。パートナー同士、またセラピストと患者との関係も同様です。科学的研究と臨床観察からわかることは、大切な人との情緒的な強いつながりを築くこと、そしてその絆にひびが入ったときに修復することが、子どもにとっても親にとっても、それぞれの個人的な成長につながるということです。私たちは生きている限り成長します。ジョージ・バイラント（Vaillant, G.）[3]はこう言っています。「幸い、我々は何歳になっても自分が尊敬する人を内在化する（自分の中に取り入れる）ことができる」。自分にとって重要な人物から、その人が持っている素晴らしい特質を学び、自分の中に取り入れること、彼らが示してくれる原則や行動を自分の人格の一部としていくことによって私たちは成熟します。自分にとって重要な人と情緒的な強い絆を形成すること、言い争いによって起きた亀裂やほころびを修復することによって、その内在化が起こります。争いや修復は、成長プロセスには欠かせないものなのです。

これまでアタッチメント（訳注：乳幼児期に親・特定の養育者との間に形成される情緒的な絆）に関する研究は、母親が子どもに対してその感情やニーズを敏感に感じ取ることや、それに適応すること、また母子のやりとりにおいての共時性（同時に起こること）に焦点が当てられていました。しかし、ゼイネップ・ビリンゲン（Biringen, Z.）の研究チーム[4]が母子のやりとりをとらえた動画を詳細に分析した結果、子どもの情緒的状態に完全に波長を合わせていたのは参加した母親のたった三分の一にすぎませんでした。あとの三分の一は、自分が子どもと波長を合わせていない場合の子どもの反応を見て、それに対応することによって、自身の適応の不足を補うことができていました。そして、残りの三分の一の母親が、子どもに波長を合わせることができないままでした。

研究者は母子の共時性がない場合、子どもの訴えに対して、母親がそれに応答することで、母子の絆が築かれ、強められると結論付けました。赤ちゃんは、母親から理解してもらえないと絶望的になり、母親がそれを修正してくれるときに幸せになるのです。このような修復によって、赤ちゃんは母親への信頼と共に、自分には親子関係に影響を与える能力があるという自分自身への信頼も強めます。しかし研究者らは、波長を合わせせないままのやりとりもまた重要であると結論付けました。それによって子どもは、時には一人でいなければならないこと、自分で自分を慰めなければならないことを学ぶからです。

人と人の絆を考えるうえで、亀裂が生じ、それを修復することは幼児期の母子関係だけでなく、その後の親子関係においても重要です。ガイ・ダイアモンド（Diamond, G.）の研究班[5]は、青少年と親との親子関係において、拒否されることや未解決のトラウマによって引き起こされる深刻な亀裂の影響について調べました。基本的に、深刻な亀裂によって、親子のアタッチメントが障害され、子どもが反抗的になり（しばしば失敗し、自殺というような深刻な結果にまで発展する場合もあります）、複雑で情緒的な問題に自分で直面しなければならなくなります。

ダイアモンドは、親と青少年がそのような亀裂を解決する助けとして、「アタッチメントに基づいたファミリーセラピー」という介入方法を開発しました。その核となったのは、「命を絶ちたいと思ったとき、親に助けを求めるのをやめた理由は何でしたか」という問いかけでした。この介入方法は、

10代の子どもたちのうつ症状や自殺傾向を軽減させるのに有効であることが証明されました。多くの場合、親は子どもが思春期に入ると、親としての役割のほとんどは終わった、親子関係はもうそれほど重要でないと思いがちですが、それはまったくの誤りです。特に思春期は、子どもが権威に対して反発し、自立心が芽生える時期なので、安全なアタッチメント関係と、親子の絆の亀裂と修復が極めて重要です。安全な絆こそが、世界を探検し失敗を経験するのに必要な勇気を与えます。いつでも安全な港に戻れると知っていることが必要なのです。

パートナーとの関係に関する研究でも、親子関係と同様の結果が示されました。ジョン・ゴットマン（Gottman, J.）の研究グループ[6][7]は一連の研究から、男性も女性も争いがあると心理的ストレス（心拍数によって計測）が上昇し、争いが解決すると下がることがわかっています。予想に反して、男性は女性に比べてストレスを表出することは少ないですが、実際は、男性のほうが女性よりも心理的ストレスが高いことがわかりました。ジャニス・キーコルト＝グレーザー（Kiecolt-Glaser, J.）の研究グループ[8]はエンドクリンホルモンと免疫システムの機能の関係を調査し、同様の結論にいたりました。争いが収まらない場合、免疫機能はさらに低下し、当然健康にも悪影響を与えます。反対に、争いを解決することで、その機能は改善するのです。

マーク・カミングス（Cummings, M.）の研究チーム[9]による研究は、パートナー同士の争いが解決されないと、それに気づいた子どもにも否定的な影響を及ぼすことを示しています。そして、子どもたちは両親が考える以上に気づいているのです。また、争いが解決されたかどうか、あるいはどの程度解決されたかにかかわらず、両親が子どもたちに、争いをどのように解決したのか、あるいはこれからどのように解決するのかを説明することで、子どもたちへの悪影響が和らげられることがわかりました。

上記をまとめると、幼少期と青少年期の親子関係、またパートナー同士の関係に関する研究はいずれも、通常レベルの言い争いとその修復が重要であることを証明しています。私たち親は、言い争いについて振り返って話し合わない傾向があります。子どもたちがけんかの後で仲良く走り回っているときには特にそうです。もう忘れてしまっただろうと希望的観測をし、親が持ち出さなければ、長期記憶には残らないだろうと考えます。残念ながらそれは大きな間違いです。子どもたちは様々なものを隠したまま前に進むことにおいては天才ですが、だからと言って、その言い争いが彼らの脳内システムから消去されたわけではないのです。親がコントロールできずに怒りをぶつけた後でそれを解消しないままにしておくと、本当に深刻なダメージを与えてしまう危険性があります。

言い争いについて振り返って話し合わないもう一つの理由は、自分の行動に対する罪悪感を抱いているためです。コントロールできずに怒りを子どもにぶつけてしまったことについて自分が悪かったと認めることは、絆を修復するために欠かせない重要なプロセスです。なぜなら、勇気を出して自分の過ちを認め、どんな親でも同じ間違いをすることに気づくことができれば、子どもから距離を置くのをやめて、再びつながることができるからです。

親が子どもに理不尽な怒りを抱いたりぶつけたりするのは、多くの場合、仕事上のトラブルやパートナーとのけんか、寝不足、何かの締め切りが迫っていること、学校での子どもの成績や様子が心配など、様々なストレスが原因です。様々な原因で、「キレて」しまうのです。理不尽な反応はこれまで繰り返された行動パターンによって引き起こされる場合もあります。演劇の中で、役者が暗記した自分のセリフを繰り返すように、前に起こった出来事にならって、同じような行動をとるようになっていくのです。

より深いレベルで見ていくと、理不尽な反応は、自分がどのように育てられたかや、前に経験したトラウマによって引き起こされる場合もあります。マインドフルペアレンティングコースに参加したある父親は、それまで息子が学校で問題行動をすると、我を忘れて息子を叩いてしまっていたと話してくれました。これを一緒に分析したとき、彼の行動は過去の経験に由来していることがわかりました。彼は10代のときずっと家族と離れ、しつけの厳しい寄宿舎で過ごしました。そこでは、生徒がルールを破るといつも体罰を与えていて、彼はとても衝動的だったためによく体罰を受けていたそうです。彼の息子も衝動的だったので、もしも行儀が悪いと同じような体罰を受けてしまうのではないかという恐怖から、自分が子どものとき怖くてたまらなかったというのに、同じことを息子にしてしまっていたのでした。

子どもであろうと、パートナーであろうと、前のパートナーであろうと、上司や部下であろうと、誰かと言い争いをするとき、私たちの体は反応します。心拍数は上がり、呼吸は速くなり、筋肉は硬直し、顔は赤くなり、汗をかきます。これらはすべて、ストレスを受けているサインで、アドレナリンホルモンが放出されています。第3章で見たように、これは脳の高速ルートで自分を闘争・逃走に備えさせるサバイバルテクニックであり、本物の危険に直面するときにはとても大切な反応ですが、同時に私たちの視野を狭めてトンネルのような見方にさせるため、私たちは急な判断と反応を強いられます。

このスピードは、注意深い決断と様々な角度から分析する能力を代償にして初めて得られるものです。私は以前、自分の家で真昼間に侵入者に出くわしたことがありました。私は居間で仕事をしていたのですが、ふと目を上げると、見知らぬ男がこちらを見ているではありませんか。私はすっくと立ち上がり、叫びました。するとその男は裏のドアから逃げ出し、私が走って追いかけると庭を走り抜け、フェンスを越えて逃げていきました。私はその間、一瞬たりとも、立ち止まって自分の行動の結果について考える余地などありませんでした。瞬間的に体が反応していたのです。自分がそれほど速く走れたことに驚きましたし、もっと驚いたのは、その男を脅かして追い出せたことです！　でも、子どもと言い争うときには、本当の危険があるのは極めてまれで、私たちの体がそう思わせているだけです。

ストレスによって引き起こされる闘争・逃走反応の他に、私たちが争いを解決するのを妨げるものがあります。それは、私たちのエゴです。これについても、アナッタ（無我）の概念が助けになるでしょう。自分の行動について謝り、言い争いを解決するのを難しくさせているものは何でしょうか。自分は完璧だというイメージが強すぎて、自分が間違っていることを認めるのを、自分のエゴが拒否するのです。理想的な親になりたいと思い、自分でそうなっていると思い込んでいるのに、自分自身や子どもに自分は間違っていると伝えるのは、自分のイメージを否定することになります。自分は「何者でもない」と悟ることで、私たちはどれほど自由になれることでしょう。そうすることで、自分はどんな親（パートナー、従業員、友人）であるかを考えたとき、自分で創り上げているセルフイメージはすべて虚像で、実際はそれほど大したものではないことに気づくのです。自分が考える「自分自身」は、自分の頭の中にしか存在しないのだと真に悟ることできたら、言い争いを解決するのはどれほど容易になるでしょうか。

ストレスとエゴ以外で言い争いの修復を邪魔するのは、親の役割そのものです。親の役割は、子どもにとって、年上の、賢明なガイド役になることです。そのために間違えやすいのは、私たちは常に子どもより賢くなければならないと考えてしまうことです。しかし、真の賢さには、自分は賢く行動できなかったと認めることも含まれます。恐らく私たちは、子どもに謝ることに対しては抵抗があります。親としての権威や尊敬を損ねたくないと思うからです。しかし、子どもからの尊敬と親としての真の権威を勝ち得るには、危険を冒してでも努力を重ねる必要があることを覚えておくのは価値あることです。

娘が、自分の通っている、Sociocratic school（すべての人の利益が等しくなるような社会や、合意による意識決定を目指す考えに基づいた自由な教育システム）の教師であるマシス・バン・ズトフェン（van Zutphen, M.）から学んだことを私に教えてくれたことがありました。キャンプファイヤーのために木を集めていた何人かの生徒が、枝が重なり合って高く積まれていたのが、最年少の生徒たちの小屋だったことに気づかずに、その枝を拾っていってしまったことがあったそうです。最年少グループの一人が、自分たちの小屋がなくなったことを知ってとても怒りました。先生が呼ばれ、子どもの嘆きによく耳を傾けてくれた後、生徒たちと一緒に、どうしたら「小屋」を建て直せるかを話し合いました。その後で先生はこう言ったそうです。「相手から尊重してほしいなら、自分も相手を尊重しないといけないよ」と。

言い争いの後で絆を修復する際、私たちは親として子どもに教えなければならないと考えがちです。「私はすごく強く反応しすぎたけれど、あなたも……」というように言いがちです。でも、子どもに教えることのできる最も大切な教訓は、これまで書いてきたように、まずは自分を落ち着かせ、完璧な人などいないことや、どの親も過ちを犯すことに気づき、自分がした過ちを心から謝ることです[10]。そのような私たち親の姿から、子どもも自分の人生でどうすればよいのかをはっきりと学ぶことができます。親である私たちと子どもとの関係は、子どもたちが他の人と関係を築くうえで非常に大切な青写真になります。もしも私たちが自分の過ちについて子どもに謝れなければ、子どもに謝りなさいということはできません。

ほころびや亀裂を修復するには、相手の感情や意図や望みを理解することが必要です。つまり、相手が何を考え、感じ、望んでいるかを想像するために、相手の目線で状況を見ることが必要なのです。子どもは、成長する過程で、人々との関係性の中で様々な視点を持つことを学びます。この能力は成人初期まで成長を続けます。ピーター・フォナギー（Fonagy, P.）の実験研究グループ[11]で示されたように、青少年の時代は、この能力を伸ばすのに重要な時期です。子どもの視点で世界を見て、彼らの思いやニーズを理解できる親は、子どもたちに、他の人の視点やニーズを理解するように教えることができます。

異なる視点を共有できるようになるには時間がかかります。これは**ゆっくりとした**過程であり、脳を通る、ゆっくりとした回路が必要です。ここでは高速ルートは使えません。言い争いを解消するには、それよりも長い、前頭葉を通るルートが必要です。脳のこの部分を使って、人の考え方を理解したり、別の角度から状況を見直したり、自分の行動がどんな結果をもたらすかをおもんぱかったりします。

オキシトシンというホルモンは、抱擁ホルモン、愛情ホルモンと呼ばれ、私たちが共感や思いやりを抱き、互いにつながり、他の人の視点を理解できるように助けてくれます。オキシトシンは、ペットをなでたり、触り合ったり、ほほえんだり、寄り添ったり、セックスをしたりするときに放出されますが、瞑想するときにも放出されます。アドレナリンが他の人から目を背けさせ、自分だけを信じさせ、自己本位な判断をさせるのに対して、オキシトシンはそれとまったく反対のことをさせます。人の話に耳を傾け、人の考え方や見方に注意を向け、人の視点に心を開かせます[11]。

言い争いの状況から一歩身を引き、呼吸する余裕を持つことによって、自分の体にあるストレスに気づき、自分にこう言い聞かせることができます。「大丈夫、そのままを感じていい」。このようにセルフコンパッションを自分に向けることで、自分の見方と人の見方の両方で同時に自分の置かれた状況を見ることができるように、距離を置き、スペースを作ることができるようになります。そのようにして初めて自分の行動を振り返り、もし過ちを犯したならそれについて謝り、言い争いを解決できるのです。作家のカール・オーヴェ・クナウスゴール（Knausgård, K. O.）[13]が、親として怒りを発してしまったときと、必要な距離が保たれてまったく別の視点で見たときの対比を見事に描き出しています。

娘（ハイジ、2歳）に対する優しい気持ちで胸があふれる」と紙面には書く。がしかし、実際は、娘は私の目の前に立っている。早朝の外の通りはまだ何の音もなく、家の中も静まり返っているというのに、娘は私の前に立って、一日を始めようとしている。私は何とか立ち上がり、昨日着ていた服を来て、娘の後をついてキッチンに歩いていく。そこには約束のブルーベリー味の牛乳と砂糖の入っていないミューズリーが待っている。そんなときには、優しい気持ちはどこへやら。思いやりなんてものは感じない。娘がテレビを見たいと何度も何度もせがんで許容範囲を超えたり、ジョン（数か月の弟）の寝ている部屋に入ろうとしたり、「だめ」と言われてもとにかく聞かずに延々とダダをこねるとき、私のイライラは怒りに代わり、強い口調で言葉をぶつけてしまうことがよくある。すると娘はうなだれ、肩をがっくり落とし、泣きながら、こそこそと歩いていく。そんな姿を見ると自業自得だと思う。それも夜になり、子どもたちが寝静まり、腰かけながら、自分は何をしているのだろうか、まだ2歳にしかならない子どもに、もっと思いやりを持てないものかと考える。でもそのときには私は外にいて、家を眺めている。家の中にはもうそのチャンスはないのだ。

『私の葛藤　第1書（*My Struggle: Book One*）』カール・オーヴェ・クナウスゴール

実践

エクササイズ 5.1

歩く瞑想

DL Track 05

音声ガイダンスはこちらから▼

口論しそうになったら家の周囲を一回り歩いてくるというのは、昔から勧められていることですが、歩く瞑想はその改良版です。ベビーカーを店まで押していくことや、職場でプリンターのところまで歩くことなど、日々のあらゆる場面で幅広く活用できます。口論や緊張した場面の後や、また直面する問題に対処するときには特に役立ちます。

この瞑想をする際、目的（スーパーマーケット、プリンター、争いの解決策）ではなく、ただ歩くことにフォーカスすることが大切です。ジョン・カバットジン（Kabat-Zinn, J.）の著書『マインドフルネスを始めたいあなたへ――毎日の生活でできる瞑想（*Wherever you go, there you are*）』[14]に、これが美しく描かれています。あなたは、一歩進むごとにそこに存在します。円を描くように歩いたり、短い距離を行ったり来たりすると、このことを意識しやすいかもしれません。目標も最終目的地もなく、ただ進むプロセスと、歩くという動作があるだけです。

歩く瞑想は家の中でも外でもしてみることができます。家の外だと、見たり聞いたり感じたり匂いがしたりと、様々な刺激を受けやすいので、最初は家の中で実践したほうがやりやすいかもしれません。最初の何回かは、5～10分の音声ガイダンスを聞きながら行うと、何も考えずに音声に従ってやればよいのでやりやすいでしょう。外で行うときは、10〜15歩進めるルートを決めてみましょう。始める場所と終わる場所に枝など、目印になる物を置いてもよいでしょう。

では、行ったり来たりして歩いてみましょう。最初の数分は足裏が地面に着くのを感じてみます。一歩ずつ進む動作に体で気づいてみましょう。慣れたら、一歩一歩を感じるために向けていた注意を、周囲に気づくことにも向けてみましょう。何か注意を引くものがあったら、一瞬立ち止まり、それに気づいて、また歩き続けます。

歩く瞑想をする時間は長くても短くてもかまいません。マインドフルネスのリトリートでは、歩く瞑想は45分行います。それだけ長い時間をかけて、短い距離を行ったり来たりするとしたら、いったい何往復できるか想像してみてください！　もちろん、もっと長い距離を歩いて、歩く瞑想をすることもできますが、大切なのは、何の目的も持たずに歩くということを忘れないようにしましょう。

エクササイズ 5.2

想像の中でつぐないをする

クッションや椅子に座り、今のこの姿勢で体がどのように感じているかに注意を向けてみます。心地よい状態を保つようにしてください。体が椅子やクッション、床に触れている部分を感じてみましょう。しばらく、呼吸に十分な注意を向けてみます。

準備ができたと感じたら、子どもやパートナーや近しい誰かに対して、ひどく怒ったり、あまりに強く気持ちをぶつけたりして、後悔していることを思い出してみましょう。そのときのけんかが、たった今起こったかのように、できるだけはっきりと想像してみましょう。あなたはどこにいましたか。誰と一緒にいましたか。あなたは何を言い、何をしましたか。一緒にいたその人は何を言い、何をしましたか。あなたはどう感じましたか。体にどんな感覚があるのを感じましたか。どんな考えが思い浮かびましたか。どんな行動をしようという気持ちを感じましたか。

その状況をはっきりと思い描くことができたら、今度は、「今、ここ」に注意を向けてみます。今、どんな気持ちを感じていますか。今、体にどんな感覚があるのに気づきますか。どんな考えが浮かんでいるでしょうか。どんな行動をしたいという衝動を感じますか。今の自分の状況に対して、思いやりを感じますか。何を感じているとしても、自分にこう語りかけてみましょう。「大丈夫。そのままを感じていい」。恐れ、悲しみ、怒り、傷ついた気持ち、どんな感情でも、迎え入れてあげましょう。

今度は、呼吸、体の中と外に流れる空気の動きに注意を向けてみます。少なくとも3回呼吸をする間、完全に呼吸に注意を向けてみます。その後、気づきを今ここに座っている体全体に向けてみましょう。呼吸している体全体に気づきを向けます。そして、特に今、あなたが必要としている思いやりを自分自身に送りましょう。心臓のあたりに両手を重ねて当ててみてもよいですし、自分自身を抱きしめるようにしてみてもよいでしょう。そして、このようにささやいてみます。「今はつらい瞬間を私は過ごしている。争いや苦痛の只中にいるすべての人々とつながっている。自分に優しくしてみよう」

もしも、自分が準備できていると感じたら、最近口論した人のことを思い浮かべ、注意を向けてみます。その人はどのように感じていると思いますか。どんな考えを持っている可能性があるでしょうか。何を望んでいると思いますか。あなたは自分自身に、「大丈夫、今感じていることをそのまま感じていい」と言ってあげられますか？　あなたはその人に、「大丈夫、今感じていることをそのまま感じていい」と言ってあげられるでしょうか。怒りや、悲しみや、イライラや恐れを「そのまま感じていいよ」と伝えられますか。「何を感じても大丈夫だよ」と伝えることができますか。その人の視点から物事を理解することができますか。その人の置かれている状況に対して思いやりを感じることができますか。

このような新しい理解を得た後で、その人に何を伝えたいですか。自分のプライドを捨て、「でも、あなただって」という言葉をはさまずに、自分が悪かったことについて心から謝ることができますか？　想像の中で、その人に謝ってみましょう。謝ってみて、自分はどう感じるか、その人はどう感じるかに気づいてみましょう。

エクササイズ 5.3

つぐないの実践

子ども、パートナー、あるいは他の人と言い争いをして、自分の言動について少しでも後ろめたい気持ちを感じたら、亀裂を修復する実践をしてみましょう。

まず、自分が落ち着きを取り戻し、ストレスを和らげるための時間をとります。歩く瞑想も助けになるでしょうし、セルフコンパッションを実践してみてもよいでしょう（第2章参照）。まだ怒りやストレスを感じながら、この実践を始めようとすると、うまくいかないかもしれません。気持ちが落ち着くのに3分の瞑想で足りるときもあれば、30分、3時間、3週間必要な場合もあるでしょう。状況が深刻な場合は、心の準備ができるまで3年かかることもあるかもしれません。

それが助けになるなら、実際に行動に起こす前に、まず想像の中で謝ってみましょう。謝った後で「でも、あなただって……」と続けないように注意します（エクササイズ5・2参照）。その結果どうなってほしいという期待はいっさい手放します。この実践は、ただ「ごめんなさい」と謝り、プライドを捨て、自分も他の人と同じように間違いを犯し、誰かを傷つけてしまうこともあることを受け入れる練習です。

その人との絆を深めるために、このつぐないのプロセスが大切であることを覚えてください。例えば、子どもに心から謝ることができたら、それが子どもにとって良い模範になると想像してみてください。あなたとの関係を修復することによって、子ども自身がどれほど成長できるかに気づいてみてください。特に、自分がどう感じたかや、またその他のことについても書き留めてみましょう。もしもまだ謝る準備ができていないと感じたら、どんなことが難しいと感じるのか、それはなぜなのかを書き留め、そして、自分に思いやりを向けてみるとよいでしょう。

文献

[1] https://www.tribuneindia.com/news/thought-for-the-day/we-repeat-what-we-don-t-repair-christine-langley-obaugh/379810.html（取得 2020 年 1 月）
[2] Lewis, J. M. (2000) Repairing the bond in important relationships: A dynamic for personality maturation. *American Journal of Psychiatry*, *157*, 1375-1378.
[3] Vaillant, G. E. (1993) *The wisdom of the ego*. Cambridge, Harvard University Press.
[4] Biringen, Z., Emde, R. N., & Pipp-Siegel, S. (1997) Dyssynchrony, conflict, and resolution: Positive contributions to infant development. *American Journal of Orthopsychiatry*, *67*, 4-19.
[5] Diamond, G. S., Wintersteen, M. B., Brown, G. K., Diamond, G. M., Gallop, R., Shelef, K., & Levy, S. (2010) Attachment-based family therapy for adolescents with suicidal ideation: A randomized controlled trial. *Journal of the American Academy of Child and Adolescent Psychiatry*, *49*, 122-131.
[6] Gottman, J. M., & Krokoff, L. J. (1989) Marital interaction and satisfaction: a longitudinal view. *Journal of Consulting and Clinical Psychology*, *57*, 47-72.
[7] Gottman, J. M. (1993) A theory of marital dissolution and stability. *Journal of Family Psychology*, *7*, 57-75.
[8] Kielcolt-Glaser, J., Malarkey, W. B., Chee, M. A., Newton, T., Cacioppo, J. T., Mao, H., & Glaser, R. (1993) Negative behavior during marital conflict is associated with immunological down-regulation. *Psychosomatic Medicine*, *55*, 395-409.
[9] Cummings, E. M., & Davies, P. T. (2002) Effects of marital conflict on children: Recent advances and emerging themes in process-oriented research. *Journal of Child Psychology and Psychiatry*, *43*, 31-63.
[10] Siegel, D. J., & Hartzell, M. (2003) *Parenting from the inside out*. New York: Penguin.
[11] Fonagy, P., Gergely, G., & Jurist, E. L. (Eds.) (2004) *Affect regulation, mentalization and the development of the self*. London: Karnac books.
[12] Gilbert, P. (2016) *Human nature and suffering*. London: Routledge.

[13] Knausgard, K. O.（2012）*My Struggle, Book one*. Brooklyn: Archipelago Books.

[14] Kabat-Zinn, J.（1994; 2005）*Wherever you go, there you are: Mindfulness meditation in everyday life*. New York: Hachette Books. J・カバットジン（著）田中麻里（監訳）松丸さとみ（訳）（2012）マインドフルネスを始めたいあなたへ——毎日の生活でできる瞑想　星和書店

第6章

良いときも悪いときも共に子どもを育てる

核家族はとても小さく、呼吸するのに十分な空気がない。父親と母親の間で問題があれば、子どもは逃げ場がない。それが現代の弱みだ。人々が兄弟姉妹として集まり、子どもたちが多くのおじさんやおばさんに囲まれて育つことのできるコミュニティーを持つことができたら、それは素晴らしいことだ。

ティク・ナット・ハン（Nhat Hanh, T.）[1]

この文章は、両親が互いの関係で問題を抱えていると、子どもは他に誰も頼ることもできず、逃げ場がないということを実によく描き出しています。ティク・ナット・ハンはこの後に続けてこう書いています。「父親と母親は、互いを互いの世話をする養育者としてとらえなければならない」

パートナー同士が互いに助け合い、尊敬し合うとき、子どもたちにとって安心できる環境を創り出すことができます。両親が互いに世話をし合うとき、子どもたちは親の世話をするという重荷が自分にはかかってこないことを知ります。両親が互いを尊敬し合う様子を見るとき、子どもたちも自分自身や他の人を尊敬し、尊重することを学びます。子どもが両親は互いに助け合うと心から信じているとき、両親に対して自由に反抗することができるのです。どちらか一人がうまく対応できなくても、もう一人が加わって助けてくれると信頼しているからです。

共同育児（co-parenting）という概念はどの両親にも当てはまりますが、通常は同居していない両親が協力して子育てすることを指します。でも、共同育児とは、二人の親がチームとして、子どものいる前でお互いをけなし合うことなく、意識しながら、周りにも見てわかるように互いにサポートし合うことです[2]。それによって、子どもは安全に守られていると感じることができるのです。互いにサポートし合う両親は、子どもに、自分は二人のチームによって作られた「完全な（whole）」存在だと感じさせます。反対に、互いに傷つけ合い弱め合う両親は子どものアイデンティティー（訳注：自分はどのような存在かという意識）を損なわせる可能性があります。親同士が敵対関係にある場合、夫婦の関係、相手と子どもの関係をサポートすることは、自分と子どもとの健全な関係を促し、改善することにつながることに気づかないことがあまりに多いのです。

両親が互いにサポートし、尊敬し合うことは、単に子どもにとって益になるだけではなく、自分たち自身も相手の助けを受けてもっと安心することができます。共同育児を行う夫婦関係の質は、それぞれの親と子どもとの関係や両方の親の育児能力に非常に大きな影響を与えることが研究からわかっています。片方の親が別の親からサポートされていると感じるとき（離婚した親も、結婚している親とまったく同じように様々な方法を駆使してこれができると、声を大にして言います）、それぞれの育児に良い影響があるということです。

共同育児の質がそれぞれの親の育児能力に与える影響を考えると、自分がどのように子どもを育てるかということだけでなく、もう一人の親、あるいは他の養育者との関係にも注意を向ける必要があることがわかります。そうすることによって、すべての人が益を得ますが、やはり最も恩恵を受けるのは子どもです。両親がお互いの関係性に不満を抱えていると、子どもに近くなりすぎたり、疎遠になりすぎたりする傾向があります。よくあるのは、母親が子どもにべったりになりすぎ、父親が子どもと疎遠になってしまうケースです。同じように、離婚にいたる過程で親の育児能力は一時的に低下し、離婚が成立してから回復することが研究で示されています[3]。ですから、離婚調停中にもサポートしながら共同育児を行うことが、子どもを守る策となります。

私も離婚しているので、共同育児の良い影響をたくさん活用してきました。元夫とほとんど話をしないときでさえもです。10代の子どもたちが酔っぱらって帰ってきたとき、心配した私は、お父さんとそれについて話すつもりであることを伝え（実際に話しました）、「お父さんも私も、あなたたちの行動は受け入れられない」と話しました。それを伝えるとすぐにシングルマザーとしてより強くなれたように感じました。自分をサポートしてくれる共同育児のパートナーを得、子どもには父親の存在を与えることができたのです。そして、そのメッセージが子どもたちにより強い印象を与えたのを感じました。娘から最終試験に合格したという連絡をもらったとき、私は急いで家に帰る途中で花を買い、カードに「お母さんより」と書いて、ふと考えて、その前に「お父さんと」と書き加えました。娘に花束をプレゼントすると、娘はカードに「お父さんとお母さんより」と書いてあるのを見て涙を流していました。私はそんな彼女の様子を見ながら、自分が前の夫に抱いている個人的なわだかまりは脇に置いて、これまでも、そしてこれからも、この素敵な若者たちの父親であり母親であることを優先することがどれほど大切であるかに気づきました。

親は、自分たちが言い争っている場面を子どもたちに見せるのは良くないと考えます。しかし、両親の言い争いが子どもに与える影響についてマーク・カミングス（Cummings, M.）が行った研究によると、言い争い自体ではなく、子どもたちの面前でそれを解決しないことが悪影響を与えるとわかりました[4][5][6][7]。第5章に書かれている亀裂と修復の実践は、それを防ぐための大切な処方箋です。もしも自分が良くない態度や行動をとったとしたら、パートナーに謝ります。子どもが言い争いの場面を見ていたとしたら、謝る姿を子どもにも見せます。私たちは、子どもはすぐに忘れると思いがちですが、それは違います。子どもは、親に負担をかけるのを恐れて、何についてけんかしていたのか、それは解決したのかを親に聞くのは難しいと感じているかもしれません。でも、彼らが何も言わないから、つらい思いや心配を抱いていないということではないのです[8]。子どもの視点での解決をもたらすには、自分の言動で少しでもまずかったと思い当たるところがあるなら、自分のプライドやエゴを捨て去り、心からパートナーに謝ることが必要です。子どもが言い争いを見たとしたら、子どものいる前で、謝りましょう。そして、くれぐれも、「でも、……」は付け加えないようにしてください。

両親は、お互いにほめ合う必要があります。また、子どもが自分よりももう一人の親からより良いものを受け、学ぶことができることをお互いに理解する必要があります。これまで10年間、私たち研究グループは、子どもの発達における父親の役割、特に恐れを克服し自信を育むうえでの父親の影響について調べてきました[9][10]。進化の過程で、父親、母親はそれぞれ養育において異なった領域のスペシャリストとなる素質を養ってきました。母親は世話し、慰め、食事を与え、子どもの感情や共感力を育てるエキスパートとして、父親は難しい遊びや競争の専門家としての素質です。

このため、父親は母親を見て過保護だと思いますし、母親は父親のことを無責任だととらえるわけです。母親はゲームで子どもにわざと勝たせるのに対し、父親は全力で勝ちにいきます。それについて父親は母親を「甘すぎる」と考えますし、母親は父親を「いい大人なのに子どもっぽい」ととらえます。それぞれ本能的に行っていることですが、子どもの健全な成長にとってはその両方が不可欠です。ですから、マインドフルペアレンティングとは、ただ子どもを価値判断せずに観察するだけでなく、パートナー（共に育児する相手）自身、またパートナーが子どもとどのようなやりとりをしているかについても、やはり価値判断せずに観察することも含まれます。これは、決して価値判断しない、という意味ではなく、むしろ、価値判断を後回しにして、オープンな心でパートナーを見ること、子どもがパートナーから何を必要としていて、何を受け取っているかをオープンに見つめるということです。

パートナーからサポートを受けていると感じる親は、簡単に言うと、より良い親です[3]。自分一人では完全な仕事は果たせませんし、そうする必要もありません。ですから、必ず助けを受けてください。パートナーや前のパートナー、他の共同養育者に助けを求め、受けられる助けに気づき、実際に受けてください。パートナーに自分の弱さについて話すことも、協力を得るのに役立ちます。自分が育児や子どもとの関わりで難しいと感じていること、不安や心もとなさを感じていること、わからないこと、（まだ）できないことについて話してみましょう。パートナーがあなたから必要としている承認や助けについても注意深く気づいてあげ、子育てするうえで難しいと感じていることを安心して話せるようにしてあげてください。

マインドフルペアレンティングのグループでのトレーニングは、パートナーとの子育てではなく、育児の方法や親子関係に焦点を当てていますが、研究を通して、参加者はマインドフルペアレンティングを実践することによって、共に育児するパートナー同士の関係性にも良い影響を与えることが示されています[11]。86人の親が、トレーニングの8週間前、直前と直後、8週間後において、共に子育てするパートナーについて尋ねるアンケートに答えました[12]。このアンケートでは、二人が一緒にいて、子どもの前でどのような態度や行動をとるかについて尋ねる項目と、片親だけが子どもと一緒にいて、子どもとの会話の中でパートナーについて話すか、話すとすればどのように話すかに関する項目を尋ねます。この中で、共に育児をするうえで三つの態度が測られました。家族員の一致を促す態度、パートナーのことをけなす態度、そして、子どものいる前で言い争う態度です。マインドフルペアレンティングのトレーニングを受けることで、これらすべてにおいて改善が見られ、特に大きく改善していたのは、言い争う態度でした。

今どういう関係性にあるかにかかわらず、両親は本当の意味で分かれることはありません。子どもを通してその関係は一生涯続くからです。二人は、ずっと子どもの両親であり続けますし、もしかしたら子どものまた子どもの祖父母になるかもしれません。マインドフルネスを出産・育児に生かしたプログラム（Mindfulness-Based Childbirth and Parenting：MBCP）[13]を開発したナンシー・バーデキー（Bardacke, N.）は、妊娠中のカップルのための素晴らしい瞑想[14]を考案しました。妊婦とそのパートナーに向き合って座ってもらい、彼らにこう言います。

あなたの前にいる人の、目の奥を見つめてみましょう。あなたは、共に子どもをこの地上に迎える人としてこの人を選びました。この人について今、あるいは将来、どんな感情を抱いたとしても、また、それぞれの人生で、また二人の関係で何が起ころうとも、二人でずっと共にいるかどうかにかかわらず、この人は、今成長しつつある、そしてやがてこの世に生まれ出る、あなたの子どもの親であり続けます。そして、あなたの子どもの子どもの祖父、あるいは祖母になるでしょう。

二人が、子どもを創造するときに交わした決意は永遠に続きます。共に子育てをするパートナーを真に見つめ、自分たち二人にとって、この決意がどんな意味を持つかを深く認識することで、不安にかられることもあるかもしれません。しかし同時に、良いときも悪いときもこの共に育児をするパートナーとの関係を大切にするために最善を尽くす助けになることでしょう。そして、これまで書いてきたように、子育てにおいてパートナーと良い健全な関係を保つことは、すべての人にとって良いことなのです。

実践

エクササイズ 6.1

選択せずに気づく瞑想

DL Track 06

音声ガイダンスはこちらから▼

今まで、呼吸に注意を向ける静座瞑想、ボディスキャン、音と考えに注意を向ける静座瞑想、見る瞑想、そして歩く瞑想を実践してきました。これらの瞑想はすべて、呼吸、体、音、考え、イメージ、歩くときの感覚、など特定のものに焦点を当てて行うものです。本章で紹介する瞑想は、焦点や「錨《いかり》」となるものは特に定めず、瞬間、瞬間に私たちの注意を引くものを遠くから眺めるような感じで行います。10分のタイマーをセットして、あるいは〈Track 06〉を使って、1週間、この瞑想を実践してみましょう。

座った姿勢で、まず姿勢に注意を向けます。体が床や椅子やクッションに接している部分に意識を向け、そして呼吸に注意を移して、ゆったりと十分にリラックスするまで続けましょう。その後、意識がさまようままにまかせ、どこにさまよったかに気づいてみます。何が自分の注意を引いているかに気づき、心の中でそれを書き留めてみましょう（音、かゆみ、予定、痛みなど）。注意がどこにそれたかに気づき、あまり遠くにそれすぎないようにしてみます。注意がそれてコントロールできないように感じたら、いつでも注意を呼吸や体に戻し、再びそこに錨を下ろして自分自身をつなぎとめ、落ち着いてからこの瞑想に戻るとよいでしょう。終わった後、この経験について書き留めます。

エクササイズ 6.2

パートナーを観察する瞑想

パートナーが忙しく子どもに関わっている瞬間（洋服を着せていたり、宿題を手伝っていたり、一緒に料理をしていたり、遊んでいたり、寝かしつけたりしている場面など）を見つけてみましょう。パートナーが上手に関わっていることや、あまり上手ではない、あるいはあまり良い判断をしていない、と感じることを何か一つ選んでみます。

意識して、注意を今この瞬間に向け、価値判断しないようにしながら、パートナーが子どもとどのように関わっているか、子どもがパートナーにどう反応しているかに意識を向けます。それを観察しながら、自分の体にどんなことが起きているか、どんな考えや判断が思い浮かぶか（「なんて素敵なんだろう」「危ない！」など）を観察し、どんな感情（幸福感、イライラなど）や衝動（そこから離れたい、代わりに自分がやりたいなど）が湧き上がるかに気づきます。行動を起こしたくなる気持ちはできる限り手放して、5分くらい観察を続けてみましょう。

離れて住んでいたりして、パートナーが子どもと関わる様子をめったに見ることがなく、この実践をするのが難しい場合は、何か別の方法を考えてみましょう。子どもがパートナーと過ごした後で迎えにいく時間を少し早めて、二人の様子を観察したり、あるいはパートナーが子どもの所属するチームのコーチをしたり、音楽を指導したりする様子を観察していいかどうか、より配慮したうえで聞いてみたりすることもできるかもしれません。あなたとあなたのパートナーが共に育児をするうえで良い関係を保つことが、みんなのためになることを忘れないでください。

エクササイズ 6.3 パートナーについて書く実践

パートナーが子どものためにしてくれている事柄を考え、ノートに書き出します。

【例】

＊娘と一緒にギターを弾いてくれる。
＊図書館に連れていったり、良い本を薦めたりして、本を読むように働きかけてくれている。
＊目標を与えてくれる。
＊討論してくれる。

＊私がまだ娘にやってあげていることを、自分でやるようにさせている。

パートナーの持っているユニークな特質や、子どものためにしてくれていることにどれほど感謝を示していますか。どのように感謝を示していますか。感謝を示すことによって、パートナーが持つ特質を伸ばし、子どもとの活動を続けてくるようにどのようにサポートしていますか。

【例】
＊娘と一緒にギターを弾いたり歌ったりしてくれるときに、それを書き留めている。
＊娘の学校の課題を助けてくれることに感謝を伝えている。

パートナーが子どものためにしてくれることをどれほど嬉しく思っているかを伝えることで、パートナーをサポートするために、他にどんなことができるでしょうか。新しい法を考えて、書き出してみましょう。

【例】
＊娘がどれほど彼から学ぶことができているかを、もっと頻繁に伝える。
＊ギターの弾き語りの楽譜を買って、二人にプレゼントする。
＊どうやって娘にスケートを教えたかを尋ねる。

エクササイズ 6.4

慈悲の瞑想：中から外へ

慈悲の瞑想では、まず自分自身のために幸福を願い、それから子どもやパートナーなど近しい人のために願い、その後で良い気持ちと悪い気持ちと両方感じている相手、あるいは悪い気持ちを感じている相手のために幸福を願います。奇跡を期待しないでください。前のパートナーや非常に難しい感情を抱いている人に対して、急に親愛の情を感じるようになる必要はありません。大切なのは、誰であっても、自分以外の人に対して無条件の良い願いと愛を抱くことであり、そうすることで、自分自身が思いやりの心を育むことなのです。

座ったり、横になったりして、心地よい状態を作るようにしましょう。そして目を閉じます。体と呼吸に気づき、自分に注意を受けます。自分のどういうところが好きで、どういうところが嫌いかを具体的に考えるのではなく、自分が一人の人間であり、生きていること、呼吸をしていること、時に苦痛を味わっていることに焦点を当てましょう。そして、以下の文章を声に出して言い、自分に祝福があるように願います。

幸福を願います（私が幸せでありますように）

平安を願います（私が平安でありますように）

苦しまないことを願います（私が苦しみから自由になれますように）

井戸に落とした石が深く深く沈んでいくように、一つ一つの文章が、自分の心に沁み込むように繰り返します。そして、心の中に浮かぶ反応に気づきます。そして、次の人々について同じ文章を繰り返します。

1．子ども
2．愛する人々――パートナー、家族、ペットなど
3．関係が難しいと感じたことがある、あるいは今感じている人

〇〇が幸せでありますように
〇〇が平安でありますように
〇〇が苦しみから自由になれますように

この瞑想は、自分自身や人のために普遍的なことを願うポジティブな三つの文章からなります。どんな内容に変えてもかまいません。以下は別の例です。

私が安全で守られますように
私が楽に、親切な心を持って生きられますように
私があるがままの自分を受け入れられますように

自分自身に優しいことを願うのが難しい場合は、自分が傷つきやすい、いたいけな子どもだと想像してみます（第10章、スキーマを参照）。あるいは、自分にとってそれが助けになるようであれば、自分のことを「小さな○○ちゃんが」と呼んでみましょう。または、順番を変えて、自分より先に子どもや愛する人のために願ってもよいでしょう。

文献

[1] Nath Hanh T. (1990) Relationships- Community as family, parenting as a Dharma door, and the five awarenesses. Mindfulness Bell #3, Autumn.

[2] Majdandžić, M., de Vente, W., Feinberg, M. E., Aktar, E., & Bögels, S. M. (2012) A Bidirectional associations between coparenting relations and family member anxiety: A review and conceptual model. *Clinical Child and Family Psychology Review*, *15*, 28-42.

[3] Bögels, S. M., Lehtonen, A., & Restifo, K. (2010) Mindful parenting in mental health care. *Mindfulness*, *1*, 107-120.

[4] Cummings, E. M., Simpson, K. S., & Wilson, A. (1993) Children's responses to interadult anger as a function of information about resolution. *Developmental Psychology*, *29*, 978.

[5] Cummings, E. M., Ballard, M., El-Sheikh, M., & Lake, M. (1991) Resolution and children's responses to interadult anger. *Developmental Psychology*, *27*, 462.

[6] Goeke-Morey, M. C., Cummings, E. M., & Papp, L. M. (2007) Children and marital conflict resolution: Implications for emotional security and adjustment. *Journal of Family Psychology*, *21*, 744.

[7] McCoy, K., Cummings, E. M., & Davies, P. T. (2009) Constructive and destructive marital conflict, emotional security and children's prosocial behavior. *Journal of Child Psychology and Psychiatry*, *50*, 270-279.

[8] Diamond, G. S., & Liddle, H. A. (1999) Transforming negative parent-adolescent interactions: From impasse to dialogue. *Family Process*, *38*, 5-26.

[9] Bögels, S. M. & Perotti, E. C. (2011) Do fathers know best? A formal model of the paternal influence on childhood social anxiety. *Journal of Child and Family Studies*, *20*, 171-182.

[10] Möller, E. L., Majdandzic, M., de Vente, W., & Bögels, S. M. (2013) The evolutionary basis of sex differences in parenting and its relationship with child anxiety in Western societies. *Journal of Experimental Psychopathology*, *4*, 88-117.

[11] Bögels, S. M., Hellemans, J., van Deursen, S., Römer, M., & van der Meulen, R. (2014) Mindful parenting in mental health care: effects on parental and child psychopathology, parental stress, parenting, coparenting, and marital functioning. *Mindfulness*, *5*, 536-551.
[12] Karreman, A., Van Tuijl, C., Van Aken, M. A., & Deković, M. (2008) Parenting, coparenting, and effortful control in preschoolers. *Journal of Family Psychology*, *22*, 30.
[13] Bardacke, N. (2012) *Mindful birthing: Training the mind, body and heart for childbirth and beyond*. New York: Harper Collins.
[14] Bardacke, N. (2012) 個人的な会話

第7章

境界線を決める

親の領域の終わりと子どもの領域の始まり

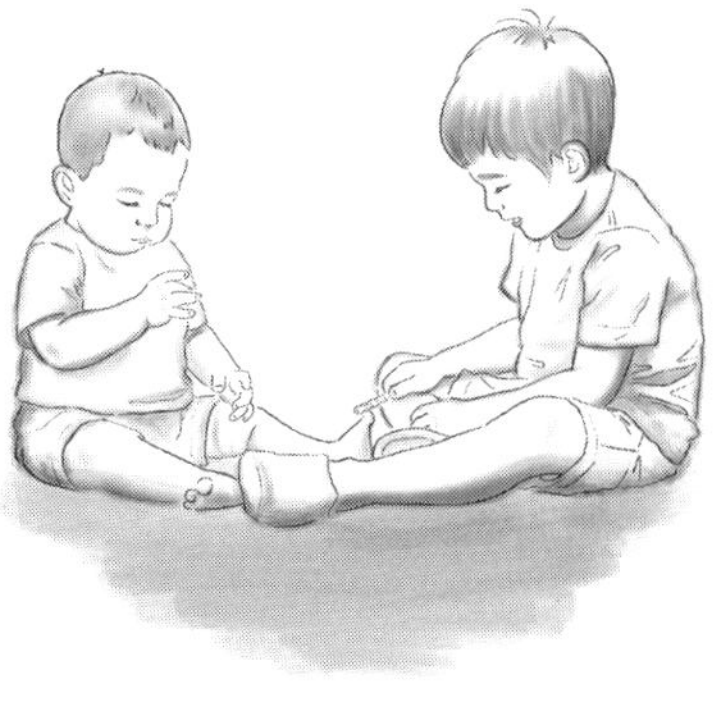

子どもたちそれぞれの主人公として生きる力（Sovereignty）を尊重することで、彼らはその「本来の姿」（true seeming）で自分を表し、自分のやり方を見つけることができるようになります。（邦訳88頁）

マイラ（Kabat-Zinn, M.）＆ジョン・カバットジン（Kabat-Zinn, J.）[1]

すべての親は、子どもに社会の一員として生活していくために必要なきまりや価値を教えるとともに、自分の考えを表現し、彼ら独自の興味関心や能力を伸ばせるように助ける、という基本的でありながら難しい責任を担っています。しかし、現代の親にとってますます難しくなっているのが、子どもたちに社会規範を教えるための境界線をどのように定めるかです。最近、近くの野菜売り場で、幼い子どもがトマトのたくさん入ったかごに手をつっこみ、そのうちの一つを口に投げ入れるのを見ました。それを見ていた母親が、「あら、ダーリン、そんなにトマトが好きなら、大きな袋一杯買ってあげるわ」と言ったのです。

これはマインドフルペアレンティングでしょうか。母親は子どもがトマトを好きなことに気づきました。それは良いことです。でも彼女はこのとき、お店で物をつかんではいけないこと、そしてそれを食べてはいけないことを子どもに教えるための貴重な機会にするべきでした。

トマトであれ何であれ、親は子どもに社会のルールを教えるべきであり、このルールにぶつかって感じる葛藤に上手に対処できるように、子どもを助ける必要があります。もし、この母親が子どもに向かって「そのトマトは買った人しか食べられないのよ」と教え、小さな袋に入ったトマトを買い、一つもトマトをあげなかったとしたら、子どもは悔しがり、母親に腹を立てるでしょう。ルールに従わなかったことで恥ずかしい思いをしたり、人前で叱られたり、欲しい物が手に入らないことで悔しがったり怒ったりすることは、子どもが発達していくうえで学ぶべき大切な教訓です。

この母親はなぜこの大切なレッスンの機会を子どもから奪ってしまったのでしょうか。恐らく、それは**親としての経験的回避**（parental experiential avoidance）と関連しているかもしれません。つまり、この母親は子どもが恥ずかしい思いや怒りを感じないですむように守っているのです。なぜでしょうか。憶測ではありますが、多くのことが考えられます。この母親は自分の過去の経験から、子どもに制限を課すことが難しいのかもしれませんし、子どもが欲しがる物を与えないと、人から悪い親だと思われるのではないかと恐れているのかもしれません。社会的不安を抱いていて、子どもも同じような問題を抱えるのではないかと心配しているのかもしれませんし、父親から虐待を受けた経験から、子どもからであっても攻撃されるのは耐えられないのかもしれません。あるいは、単に子どもを溺愛していて、自分の子は間違ったことなどしないと思っているか、愛情あふれる親は、親子関係にどんな亀裂も入れてはならないと思い込んでいるのかもしれません。あるいは、その日の朝、子どもから何回もダダをこねられて疲れ切っていて、これ以上ダダをこねられたらたまらないと思っているのかもしれません。理由は何にせよ、母親は子どもに大切な教訓を与える機会を失ったという事実は変わりません。

幼い頃、我が家ではクリエイティブであることがとても重要視されていました。いくつか家を移り住みましたが、どの家にも、アーティストである母が仕事をするためのスタジオがあり、私たち子どももそこで絵を描いたり、版画をしたり、布を織ったり、縫物をしたりすることが許されていました。友達も含めて、あらゆる材料を使わせてもらっていましたし、「汚したらだめ」と言われたことは一度もありませんでしたが、使ったら必ず自分たちで片づけることになっていました。スタジオで母が聞いているクラシック音楽をバックに、遊んだり作業したりして時間を過ごした素晴らしい思い出がたくさんあります。一人の友達が、急に絵の具をチューブから全部出して、片づけの時間になったら逃げて帰ってしまったことがあり、私はひどくショックを受けたのが今も忘れられません。どの材料でも使ってよいが、決して無駄にしてはいけないこと、使った後は元通りにきれいにしておくこと、その二つは私たちが育つ中で核となる大切な原則で、私たちの一部として埋め込まれていたのです。

それに加えて、そのようなクリエイティブな作業をしているとき、母が心からの注意を私たちに向けていてくれたことを、私は決して忘れないでしょう。母はいつも時間をとってそこにいてくれて、静かに忍耐強く私たちを助け、多くのことをしてくれ、そして私たちの作品に心からの関心を向けてくれました。五人の子どもたちそれぞれにスクラップブックを作り、幼い頃から10代になるまで、作品の一つ一つに日付とメモと自分で付けたタイトルを書きこんで、私たちの美術スキルがどう育まれていったかを記録し保存してくれました。このスクラップブックは私たちの思考と創造性、心の成長発達の記録であり、夢や関心、恐れや心惹かれる対象の証しでもありました。このような形で、創造的な活動をする空間や時間の中で、明確な価値観と制限を示されたことは、私が成長するうえで最も大切な要素の一つだったとさえ考えています。今の子どもたちは、絵を描いたり、工作したり、縫物をしたりすることにどれほど時間を使っているでしょうか。テレビやコンピューターが生活の主流になっている今、彼らは大切な経験をせずに過ごしてしまっているのではないかと思います。

自分が子育てする中で、制限を設けることがとても難しく感じることがありました。子どもたちが隠れ家を作ろうとして、ベッドからありとあらゆる毛布や布団を引っ張り出して、自分たちではどうしようもないくらい散らかすことがよくありました。私は、子どもたちがどれほどその時間を楽しんでいて、どれほどクリエイティブな物語を考え出すかをよく知っていたので、なるべくいつも自由にやらせてあげたいと思っていました。そして、片づけるエネルギーがないときや、時間が遅くて十分遊べないときなど、自分の体調や気分を考えて、今日はやめておこうと思うときだけ、「だめ」と言うようにしていました。でも、その後私は新たに、テントを作る前に作っていいかどうかを必ず聞かなければいけない、というルールを作りました。そして、私は少し時間をとって考えて、その日の他の予定を考えて可能かどうかや、私自身がどう感じているかを考慮に入れて判断することにしました。

また、「だめ」は言いすぎないようにしたほうがよいということも学びました。反射的に「だめ」と言う前に、必ず立ち止まって、ここで「だめ」と言って子どもたちをがっかりさせたり、ぐずぐず言わせたり、わめかせたりする価値があるかどうかを判断するようにしました。そうすることで、「だめ」と言うつもりだったことが、心からの「いいよ」に取って代わるときもありました。あるとき、こんなことがありました。外のテラスに出ると、息子と娘がテーブルの上に大きな紙を広げて絵を描いていたのですが、娘は紙いっぱいに絵を描き終え、嬉々としてテーブルの前の白いテラスの壁にも絵を描き始めたのです。私は思わず駆け寄ってやめさせようとしました。でも、少しそのままにして娘が絵を描く様子を眺めることにしました。そして、「もしそうしたいなら、壁中に絵を描いていいわよ」と伝えたのです。子どもたちは同じ通りに住む友達全員を呼んできて、一日中、全員でテラスの壁に絵を描き続けました。はしごに上って描いている子もいました。それから何年もの間、私はその壁を眺めては楽しんでいます。

子どもに制限を与えるのは、彼らが社会に順応していくために重要なことであり、心理学の研究者は、適切な制限を与える効果についてこれまで調べてきました。一つの典型的な研究では[2]、親子に、色鮮やかな木琴だけが置いてある部屋で一定時間待ってもらいます。親には日頃家でしているのと同じ方法で、子どもに木琴に触ったり、弾かせたりしないようにしてください、とあらかじめ伝えておきます。マインドフルな方法で制限を与える親は、とてもわかりやすい制限を、わかりやすい言葉と身体表現によって、子どもに伝えます。また、子どもの注意を他にそらしたり、言葉で説明したりして、子どもがそれを受け入れられるように助け、子どもの気持ちに共感しながらも、自己コントロール力を育めるようにします。

一連の心理学研究から、適切な制限を与える親に育てられた子どもたちは、より社会的に受け入れられる行動をとり、学校の成績も良好で、攻撃性は低く、反社会的な問題行動は少なく、恐れやうつなどの内的症状は少なく、集中力や感情制御力、自己コントロール力が高い傾向が見られました[3][4]。いくつかの研究では、親が制限を与えることで得られる効果は、子どもの発達段階のかなり遅い時期まで続くことが示されています[5]。また、明確な制限を与える親は、子どもに対してより温かい態度で接し、より自主的な行動をとるように励ます傾向があることもわかっています。

それとは反対に、厳しい、不適切な制限を与えると、子どもの本来持っている意欲や創造性を損なわせます。例えば、クリエイティブな建築家は、子どもの頃、親から非常に自由にやらせてもらったと語ります[6]。イスラエルの学校の教師であり心理療法士であるハイム・ギノット（Ginott, H.）[7]は、制限を与えることが必要な場合は、個人に向けてではなく、手短に、わかりやすく与えるべきであると語っています。例えば、「あなたは壁に絵を描いてはいけません」とは言わずに、「壁は絵を描くためのものではありません」と言うのです。

リチャード・コースナー（Koestner, R.）とその研究チームは[8]、子どもたちがどのように制限を受けるかによってどのような違いが生じるかを調べる実験をしました。44名の6～7歳の子どもに、10分間で自分の理想の家を描くように言います。そしてその際、以下のような説明を与えました。

私は、子どもたちがどのように絵を描くかに興味があります。ですから、皆さんに絵を描いてもらいます。自分が住みたいと思う家の絵を描いてください。自分の好きなように描いていいですし、その絵に何を書き足してもかまいません。家の他に、庭や、木や、動物などを描いてもいいです。自分の好きなように想像して描いてみましょう。

その後で、一つめのグループには、「強制的な」制限を、二つめのグループには「情報的な」制限を与え、三つめのグループには何の制限も与えずにおきます。「情報的な」制限を与えるグループには、このように伝えました。

始める前に、どういうふうに絵を描くかについていくつかお話ししたいと思います。絵の具で遊ぶのはとても楽しいことなのはわかりますが、後から使うお友達のために、絵を描くための道具や部屋をきれいにしておかないといけません。小さな紙に絵を描いて、大きな紙は、はみ出てテーブルが汚れないように、下にしいておきます。絵の具もきれいにしておかないといけないので、違う色を使いたいときは、その前に筆を洗ってきれいにしましょう。きちんとしたくないお友達もいると思いますが、ここではきれいに使う必要があります。

「強制的な」制限を与えるグループには、次のように指示を与えました。

始める前に、みんながしなければならないことをお話ししたいと思います。ここで絵を描くときのルールです。絵の具をきれいにしておかなければなりません。この小さな紙にだけ書いてください。大きなほうの紙には絵の具をたらしてはいけません。絵の具の色を変えるときには、必ず筆を洗ってふいてください。色がまざってしまわないようにするためです。みんな、いい子にして、周りを絵の具で汚さないでください。

実験後、子どもたちはもう1枚絵を描くか（何の絵でもよい）、ジグゾーパズルをやるか、自分で選んでよいと言われました。その後、どのくらい楽しかったかを聞かれました。そして、子どもたちが描いた絵は、クリエイティブかどうか、技術的なレベルや色の使い方、精巧さに関して、専門家や学生に評価してもらいました。その際、評価者には、子どもたちがどのような状況で描いたかはまったく知らされませんでした。

この研究から、強制的な制限を与えられた子どもたちは、絵を描くことを楽しんでおらず、続けようとする意欲も低かったことがわかりました（パズルを選ぶ子どもが多く、続けて絵を描いた子どもたちも、あまり長く続かずにやめてしまいました）。彼らの夢の家の絵は、他に比べてクリエイティブではなく、完成度も低く、使っている色の数も少なく、技術スキルも低いという結果でした。情報的な制限を与えられたグループと、制限が与えられなかったグループは、強制的な制限を与えられたグループに比べて全体的に良い結果が得られました。技術的なレベルなど、いくつかの要素では、説明的な制限を与えられたグループと制限を与えられなかったグループの間の差はありませんでしたが、他の要素においては、制限を与えられなかったグループは最も良い結果を示していました。

私の母が直感的に、自由に絵を描いたり作品を作ったりするスペースを与えてくれたことは、私たちの創造性を発達させるのに正しい方法だったことがこの研究からわかります。でも、制限を決めて守らせることが必要な場合には、それをどのように与えるかが重要だということも示しています。なぜその制限が必要なのかについての情報を与えて説明し、「制限されず、やりたい放題をしたい」という子どもの自然な欲求にもきちんと気づいて、それを承認してあげる（許可するのではなく、そう感じて当然だということを言葉で伝えてあげる）ことが必要です。

子どもに制限を与えるには、まず私たち自身の限界に気づくところから始める必要があります。心理療法家であり育児コーチであるデビー・ピンカス（Pincus, D.）は、これについて次のような美しい言葉で説明しています。「自分の周りに境界線を引きます。そこで自分の領域が終わり、そこから子どもたちの領域が始まるのです」。蓮の花のポーズをとって瞑想をするとき、自分の領域を示すロープが自分の周りにめぐらされている様子を想像してみます。そして、自分のシルエットを想像し、自分の肌を感じてみます。肌は、私たちの体の外と中の境界線です。これは虐待を経験した人にとって、特に助けになるでしょう。本来であれば、尊重されるべきだった性的な、身体的な、精神的な境界線を感じます。自分の身体的な境界線を感じながら、自分に語りかけてみます。「これが私の体、私の体は私のもの」[9]と。

ヨガやマインドフルな動きを行うのは、身体的な境界線に気づくのにとても良い方法です（エクササイズ7・1参照）。自分の体に耳を傾けることで、その瞬間に、身体的な境界線がどこにあるかを感じることができます（例：足をどこまで伸ばしたら痛くなるか）。精神的境界線についても同じように確かめることができます。静かに座り、子どもや他の人との慌ただしいやりとりに埋没してしまわないようにするのです。定期的に呼吸空間法を行って自分自身の内面をチェックし、自分の身体的、精神的な状態や、そしてその瞬間の精神的、感情的な境界線も確かめます。

自分自身のためにそれらの境界線を感じ、定義し（訳注：どこまでが許容範囲かを自分の言葉で定め）、受容しておくことは大切です。例えば、今日は子どもたちと隠れ家を作っても大丈夫だったけれども、翌日はそれを一緒にやってあげる余裕がない場合もあるでしょう。そんなとき、今日はこれが限界だ、と感じ、はっきりと認識して定義し、受け入れるのです。そうすることで、強制的な方法ではなく、情報的な言い方で、今日の境界線について子どもたちに伝え、それを聞いた子どもたちが見せる反応に対しても、落ち着いて対応できるようになります。

子どもは母親のお腹の中で成長し、へその緒を切ることが自立への最初の一歩であり、母子の体は離され、母の領域が終わり、子どもの領域が始まる境界線が定められます。自分自身の境界線に気づくこと、そして子どもにもそれを明確に伝えることによって、子どもが自立への道を進むのを助けることができるのです。子どもは、親子は一つでもないし、同じでもないこと、それぞれ異なったニーズや境界線を持つ別々の存在であることを学ぶでしょう。子どもは、親に対して「いやだ」と言い、親がそれを聞いて自分の考えを受け入れてくれることに気づくとき、自主性が育っていきます。子どもが「お腹がいっぱいだ」と言い、その考えを受け入れてもらうとき、自分は十分に食べたと自信を持って言えるようになります。同様に、子どもが親の境界線について学ぶときにも、子どもの自主性が育ちます。なぜなら、親が自分の境界線を感じ、情報的に説明し、それに対して「いやだ」という自由を与えながらも、その境界線は自分にとってはとても大切なものなので、子どもにもそれを受け入れてほしいとお願いするからです。

境界線を定めるには、自分のリソースも関わってきます。発達心理学者は、妊娠期を条件付きの状態としてとらえています。つまり、母親は自然と子どもの世話をする準備を整えていきますが、その役割を他者に譲る選択肢もあるということです。愛やアタッチメントというポジティブな感情は、自分が蓄えてきたものを子どものために使おうとする助けになります。反対に、怒りや無関心は自分の中のリソースを別の対象に向けるときであることを知らせる合図なのかもしれません。罪悪感や恥といった感情（詳しくは第8章を参照）は、怒りや無関心を抑制したり調整したりする場合があるかもしれません。発達心理学者によれば、夫婦・カップルはそれぞれが子どもの世話をどれほどするかを交渉し、自分の担当をできるだけ減らし、相手の担当をできるだけ増やそうとします[10]。この交渉において、あるタスク（担当内容）には、どちらがより適しているかを考慮することも大切です。例えば、母乳を与えることにおいては、明らかに父親よりも母親が適しています。

自分の境界線に気づくということは、自分のリソースを守り、保存することであり、それによって、反応的な育児を防ぐことができます。自分のリソースを再充電せずに使い果たしてしまうと、突然怒りを爆発させたり、無関心に陥ったりしてしまいやすくなります（無関心もまた闘争・逃走反応の1

つのバージョンといえます）。そうすると、子どもにも、子どもに関わるパートナー、他の親や人々にも影響を及ぼします。

帰宅してみると、パートナーが掃除も夕飯の支度もしておらず、子どもたちに宿題もやらせていないのを見てがっかりするとき、いったん立ち止まって自分の境界線を感じ、そのことについてパートナーと建設的に話し合い、今、それをやってもらえるか頼めているでしょうか。恐らくそうではないでしょう。あまりに多くの場合、私たちは怒り、言葉で伝えてもいない（しかも多くの場合法外な）期待に見合った行動をとっていないことで、子ども、あるいはパートナーと言い争いを始めます。こういったことが起きるのは、自分のリソースを使い果たしてしまい、衝動だけにまかせて反応してしまっているからです。

リソースを使い果たすのを避けるために、自分の境界線がどこにあるか、そして充電する必要があるときにはそれに気づいてください。呼吸するスペース（a breathing space）（訳注：物理的な時間や場所・心理的な余裕。瞑想法の一つを指す場合は呼吸空間法と訳される）をとり、自分の状態に注意を向け、今何が必要かを自分に尋ねてみるのです。

エクササイズ 7.1

ヨガ、マインドフルな動き

DL Track 07

音声ガイダンスはこちらから▼

ヨガやマインドフルな動きを実践することは、自分の体の境界線に気づくのに最適な素晴らしい方法です。何かを達成したり、できるだけ遠くに伸ばしたりする必要はありません。むしろ、今の姿勢が自分にとってどんな感じか、今、境界線はどのあたりかを見定めることが大切です。限界を見つけ、息を吸ったり吐いたりしてその状態を保持します。その後、もう少しだけ遠くに伸ばせるかどうか試してみます。

今週1週間、毎日マインドフルな動きの実践を10分間行ってみます（Track 07）。あるいは他のヨガやマインドフルな動きの実践を自分で選んで、意識して、体の境界線（どこまで伸びるかの限界）を感じ、それを大切にしてみましょう。私のビーチヨガの講師であるウィッケ・ホエクストラ（Hoekstra, W.）はこう言っています。「私の声よりも、あなた自身の体が教えてくれることに耳を傾けてください」経験について記録してもよいでしょう。

エクササイズ 7.2

限界を感じる

自分の限界をうまく感じられない場合、あるいは限界を超えてしまっている場合、呼吸に注意を向ける瞑想を行う時間をとってみましょう。座り、呼吸に気づき、もしも自分で自分の限界を感じられなければ、限界を超えてしまい、周りの人にも悪影響を及ぼしてしまうことがあることを自分に思い出させましょう。

どんな状況がそれに当てはまるか考えてみます。子どもやパートナーがするべきだと感じている仕事を、代わりにあなたがやってしまったとしたらどうでしょう。あなたは別のことを望んでいるのに、それよりも他の人の望みを優先させているとしたらどうでしょう。子どものためにあまりに多くの時間や助けを与えるあまり、仕事やリラックスのための時間がとれなかったとしたらどうでしょうか。

呼吸に注意を向ける瞑想を終えた後、自分が何かをしたり言ったりしたいと感じているか、確認してみましょう。

エクササイズ 7.3

限界を想像する

クッションや椅子に座り、少しの間、体が座面と接している部分を感じてみます。姿勢や呼吸に気づいてみます。子ども（あるいはパートナーや他の人）が、自分の限界を超えたときの状況について思い浮かべてみます。一度きりの出来事でも、日常に何度も起こることでもよいでしょう。


*邪魔しないでほしいと言っているのに、子どもが自分の注意を引こうとし続ける。

*散らかした後で片づけない。

*10代の子どもが、遅くなるときはあらかじめ連絡すると約束したはずなのに、何も言わずに遅く帰ってくる。

*パートナーに、夕飯を食べているときには新聞を読まないでほしいと何度も言っているのに、いつも新聞を読んでいる。


その状況や問題をできるだけありありと思い浮かべ、その後、以下の質問に答えてみましょう。

＊限界を超えたとき、それにどのように気づきましたか。そのとき、体はどのように感じていましたか。

＊自分が限界を感じたことについて話したり、理解してもらったりするのはなぜ難しいのでしょうか。そのことは、自分がどのように育てられたかと関係していると思いますか。

限界を超えたとき、自分がどのように感じるか、また、境界線を引くことや、それについて話し合うことや、わかってもらおうとすることについて何が難しいかに気づきましたね。今度は、次に同じようなことが起こったとき、あなたはどうしますか。自分の想像の中で考えて、どのように感じるかを確かめてみましょう。そのとき自分はどうすると思うかを書き出してみましょう。

以下は、マインドフルペアレンティングコースの参加者の一人が書いてくれたことです。

「私のパートナーは家族で夕飯を食べている間、新聞を読み、いくら私が娘と話す時間をとるのは大事だと話しても、聞く耳を持ってくれません。そんなとき私は、もう限界を超えていて、自分のあらゆるエネルギーがなくなってしまうように感じます。悲しみや孤独、不安を感じます。パートナーには仕事のストレスがあり、それを解消するために夕飯時に新聞を読んでいるのだと思うと、自分の限界にこだわり続けるのは難しいと感じます。伝えたら怒るのではないか、口論する私たちを見て娘がこわがるのではないかと、心配にもなります。私の父は、いつも夕飯時には家にいませんでした。そのため私は父から無視されていると感じていました。そのことで母が父に文句を言ったことは一度もありません。今私は、パートナーが新聞を読むときに私がどう感じるか、私が子どもだったときに夕飯の席に父がいなくてどう感じていたか、そして私自身と家族のために私が何を必要としているかを、パートナーに話したいと思っていることに気づきました」

文献

[1] Kabat-Zinn, M. & Kabat-Zinn, J. (1998; 2014) *Everyday blessings: The inner work of mindful parenting*. New York: Hachette Books.　M・カバットｰジン、J・カバットｰジン（著）大屋幸子（訳）（２０１７）エブリデイ・ブレッシングズ――マインドフルネスの子育て 気づきと内なる成長の舞台　サンガ出版

[2] Lengua, L. J., Honorado, E., & Bush, N. R. (2007) Contextual risk and parenting as predictors of effortful control and social competence in preschool children. *Journal of Applied Developmental Psychology*, *28*, 40-55.

[3] Mattanah, J. F. (2001) Parental psychological autonomy and children's academic competence and behavioral adjustment in late childhood: More than just limit-setting and warmth. *Merrill-Palmer Quarterly*, *47*, 355-376.

[4] Schroeder, V. M., & Kelley, M. L. (2010) Family environment and parent-child relationships as related to executive functioning in children. *Early Child Development and Care*, *180*, 1285-1298.

[5] Denham, S. A., Workman, E., Cole, P. M., Weissbrod, C., Kendziora, K. T., & Zahn-Waxler, C. (2000) Prediction of externalizing behavior problems from early to middle childhood: The role of parental socialization and emotion expression. *Development and Psychopathology*, *12*, 23-45.

[6] MacKinnon, D. W. (1962) The nature and nurture of creative talent. *American Psychologist*, *17*, 484.

[7] Ginott, H. G. (1959) The theory and practice of 'therapeutic intervention' in child treatment. *Journal of Consulting Psychology*, *23*, 160-166.

[8] Koestner, R., Ryan, R. M., Bernieri, F., & Holt, K. (1984) Setting limits on children's behavior: The differential effects of controlling vs. informational styles on intrinsic motivation and creativity. *Journal of Personality*, *52*, 233-248.

[9] Levy, T. M., & Orlans, M. (2014) *Attachment, trauma and healing: Understanding and treating attachment disorders in children, families and adults*. London and Philadelphia: Jessica Kingsley Publishers.

[10] Bögels, S. M., & Perotti, E. C. (2011) Do fathers know best? A formal model of the paternal influence on childhood social anxiety. *Journal of Child and Family Studies*, *20*, 171-182.

第8章

罪悪感と恥

謝り、赦し、つながる

「チョコレートケーキ」という言葉を何人かのアメリカ人に見せ、その言葉から連想される言葉を言ってもらってそれを記録したところ、最も多かった答えは「罪悪感」だった。しかし、フランス人に同じことを尋ねて返ってきた答えは「お祝い」だった。

マイケル・ポーラン（Pollan, M.）[1]

子どものために絶え間なく努力しているにもかかわらず、多くの親が「罪悪感」にさいなまれます。

幼い頃、どうして母がいつも仕事から大急ぎで家に戻ってくるのか理解できませんでしたが、子どもを持って初めて、仕事を持つ母親が抱く罪悪感というものが理解できるようになりました。母親は（特にオランダでは）子どもと一緒にいるべきであり、仕事を必要としたり、仕事をしたいと思ったりすることは間違っているという思いが根底にあり、オランダの母親は毎朝保育園に子どもを連れていくときや迎えにいくときもこのような気持ちを味わっています。

すべての文化の中で「チョコレートケーキ」という言葉が罪悪感を引き起こすわけではないのと同様、すべての国の親が保育園を利用することや、他の人に子どもの面倒を見てもらうことに罪悪感を抱くというわけではないでしょう。また罪悪感を抱いたとしても、子どもが成長し、今度は自分の都合ではなく社会全体の規範に従って学校に通うようになれば、罪悪感の源は消えていきます。それでも、親というものは、ありとあらゆる罪悪感に苦しむものなのです。親が離婚し、子どもたちが引っ越しを繰り返していることに対して、また「壊れた家庭」で育っているように思えて、罪悪感を抱くかもしれません。一人っ子であるために、きょうだいがいる中で育つ環境を与えてあげられなかったことに罪悪感を持つかもしれません。あるいは、子どもが幼い頃、夫婦で言い争いをしているときに階段から落ちてできた傷を見るたびに罪悪感を持つかもしれません。自分がうつになったために、子どもの成長発達において大切な時期に十分世話してやれなかったことに罪悪感を抱くかもしれません。

私は、子どもが幼い頃は忙しくてスポーツができなかったので、子どもが少し大きくなってきて、久しぶりにテニスのトーナメントに出てみることにしました。トーナメントの当日、下の娘が、姉と一緒に中学の陸上競技会に出場し、金属のポールに気づかずにぶつかって、前歯の四分の三を折ってしまったことがありました。私はその後、何年もテニスをしませんでした。もし自分がテニスのトーナメントに出場せずに娘の陸上競技に行っていたら、そんな事故は起きず、娘は歯を折らずに済んだのに、と思ったからです。この現象は**後知恵バイアス**と呼ばれ、何が起こるかあらかじめわかっていたら、そんなことはしなかったと考える傾向のことを指します。

親はたとえ自分のコントロールが及ばないことであっても、こと子どもの問題になると罪悪感を抱きがちです。めずらしい遺伝疾患で、血液凝固因子（血液が固まるのに必要なたんぱく質）が欠落しているために筋肉や関節内で出血が起こる血友病という病気を持つ子どもの親は、育児ストレスだけでなく、罪悪感や恥を強く感じていることがわかっています[2]。自傷行為（例：リストカット）をする子ども[3]を持つ親や、自閉症の子ども[4]を持つ親（多くの場合、自閉症は遺伝性ではないにもかかわらず）、「難しい気質」[5]の子どもの親、また、睡眠障害[6]を持つ子どもの親も同様です。

2011年、ノルウェーのウトヤ島で青少年のサマーキャンプで69名の命が奪われた襲撃事件を扱ったドキュメンタリー番組『あのとき、あの場所にいなかったら（*Wrong Time, Wrong Place*）』[7]の中で、娘が犠牲となったロシア人夫婦は、幼い頃水泳のレッスンを受けさせなかったことに罪悪感を抱いていると語っていました。娘が水際で撃たれて亡くなったのです。親が抱く罪悪感は多くの場合、非合理的で、誇張されています。第三者から見れば、娘の死に対して両親には何の責任もないのは明らかです。しかし、親はどうしてもそのように感じてしまうのです。

母親は父親に比べてより強く罪悪感を抱きがちです[8]。フィンランドで行われた心理学研究では、研究参加者の母親に、母親として抱く困難感について書くように依頼したところ、ある母親は、「母親が抱く罪悪感は、母と子が違った目標を持っていることや、そのすり合わせの中で生じることもあるし、良い母親というものは子どものために絶えず集中して、最高の時間と努力を傾けなければならないという『母親神話』[9]によって生じる場合もある」と書いていました。

私たちが親として抱く罪悪感は何らかの役に立っているのでしょうか。罪悪感は共感がなければ生じませんし、共感は良い育児をするうえで欠かせないものです。普通、罪悪感は、正しくない、良くない行動から生じ、その行動によって他の人がどのような影響を受けたかということに関連しています。親が抱く罪悪感は、親の攻撃や怠慢、子どもの一人を特別扱いすることなどから、親と子を守る防御策とも考えられます。私は電車やバス停に何度も傘を忘れたことがありますが、子どもを忘れたことはありません。子どもがまだ弱く、親に依存しているときには、罪悪感は親を注意深くしてくれています。

罪悪感は、衝動に従わないように警告します。そのチョコレートを食べないように、子どもに対して短気にならないように、家で子どもが自分を必要としているときにパーティーで長居しないように忠告します。しかし、衝動に従ってチョコレートを食べてしまったとき、子どもについキレてしまったとき、パーティーでつい長居をしてしまったときには、罪悪感は自責の念としても機能します。罰を与えても、行動を変えさせる効果はなく、適切な行動にほうびを与えたほうが、より速く、痛みを伴わずに結果を達成できることは、長年の研究で証明されています。親がパーティーに長居してしたら、子どもたちはどうするでしょう。ポテトチップを食べ、コーラを飲み、コンピューターで長い時間遊んだ後、夜更かしするでしょう。それは彼らにとってどれほど悪いことでしょうか。親自身がパーティーで楽しい時間を過ごし、子どもたちも家でのびのびと過ごし、翌日は家族で一緒に過ごせることを喜んだほうが、罪悪感を抱くよりもずっとよさそうです。

罪悪感からくる自責の念は、育児をするうえで役には立ちません。「なぜもっとうまくできないのか」と自分を責めるとき、周囲にいるパートナーや子どもたちにも、同じことをしがちです。仮に、何か周りの人には批判したり責めたりしないでいられたとしても、自分を責めていると、子どもも私たちのその行動を見て、自分の中に取り込みます。そして、時間が経つにつれ、私たちが自分自身に対してとる態度は、子どもたちの内的作業モデル（訳注：対人関係の中で、他者を解釈したり、自分の行動を決めたりする際に無意識に活用し、模倣するモデル・手本）となり、子どもも自分自身に対して同じような態度をとるようになっていくのです。

自分の言動が子どもに与えた影響について罪悪感を抱く場合、思わぬ副作用が出る場合があります。それは、代償行動といい、罪悪感を穴埋めしようと、子どもを甘やかしたり、子どもに責任があることを親が代わりにやってしまったりするのです。もちろんそれは自己満足のためであり、言うまでもなく、結局のところ、親のためにも子どものためにもなりません。

しかしながら、親として犯した過ちに対する罪悪感のおかげで、より良い行動をとれるようになる場合もあります。最も良いのは、自分が与えた害の程度に応じて罪悪感を抱き、自分の非を認めて謝り、与えてしまったダメージを修復することです[10]。行動によって何らかの結果が生じます。私たちは親として自分がとった行動に対して責任をとり、子どもと話し合い、子どもに与えた苦痛について謝ることができます（第5章、亀裂と修復を参照）。そして、適切ならば、赦しを求めます。セルフコンパッションを抱きながら、自らを弱い立場に置いて赦しながら自分の過ちを見ることができれば、自分を責めて孤立させるよりも、過ちから学びやすくなるでしょう。

ある状況について自分を責めがちな人もそうでない人も、瞑想を通して罪悪感と向き合い、自分と対話し（あるいは自分に手紙を書き）、自分を赦すことによって、絆をオープンで自由なものにできます。オランダ語で書かれた『13歳の生と死（*Leven en dood van een dertienjarige*）』[11]という本に書かれているように、出来事から長い年月が経った後でも修復できます。本に出てくる感動的な場面で、父親は13歳の娘が自ら命を絶った後、何十年も後になって娘に手紙を書きます。彼は、娘の母親（元の妻）や教師、ソーシャルワーカー、クラスメート、友達についてはまったく触れずに、父親である自分が、娘が見せていた兆候を見逃していたことや、どのようにそれが起こったかを書き記し、自分の罪を認め、娘と自分自身に赦しを求めています。

恥の持つ役割については、罪悪感ほどはわかっていません。子どもがよくない行動をするとき、親は恥ずかしいと感じます。それは、私たちが親になるとき、どんな子どもか、自分は親としてどの程度役割を果たせていると感じているか[12]が、自分のセルフイメージの一部を形成するからです。そして、「共有するアイデンティティー」（子どもの存在も含めた自分という存在）というものを抱くようになります。その結果、自分の子どもについて他の人がどう思うかを非常に重要視する傾向があり、もしも子どもがあまり魅力的でない、マナーが悪い、ルールを守らないと見なされたり、家族としてよく機能しなくなったりすると、恥ずかしいと感じるのです。でも、恥ずかしいという感情がどれほど自分たちに影響を与えているか、怒りと同じように、恥ずかしいと感じることで、反応的な育児をしてしまう傾向があるかどうかについては、ほとんどの人はまったく注意を払っていません。

私の研究室で、「子どもがマイナスな評価を受けることへの恐れ」が、親の社会不安の子どもへの伝達にどれほど影響するかを調べました[13]。一人目の子どもを持つ１００組以上の若い夫婦・カップルを妊娠期から調査しました。子どもが生後４か月のとき、子どもが人からネガティブな評価を受けることについてどれほど心配しているか、についてアンケートに答えてもらいました。人からどう思われるかを心配する親は、子どもについて人からどう思われるかについても心配する傾向がありました。マイナスな評価を受けることに対する恐れは、子どもに対する予期不安を持つ可能性があるだけでなく、閉鎖的で過保護な育児に結び付く可能性があります。わめき散らす子どもや、不機嫌な10代の子どもについて人がどう思うだろうと親が心配するのもわかります。しかし、まだ4か月の子どもが人から否定されるのではないかと考える合理的な理由はないと、はっきりと言えるのではないでしょうか。

自分の子どもが他の子どもと違うとき、例えば、口唇裂などの身体的な違いが見られたり、ADHDや自閉症、不安障害などの精神的な診断をされていたり、知的に非常に高い、あるいは低いという特徴があったりすると、恥ずかしいという感情のために、親が子どもにとって最善を行うのを大きく阻害してしまう場合があります。子どもの持つ問題を調べて、それに応じて成長発達を遂げるのに何が必要かを理解しようとするべきところを、人から子どものことをどう思われるかばかりを心配して、人の期待（親が勝手に思い込んだ）に応えさせようとして、反応的で否定的な養育スタイルをとってしまうことが多いのです。

ほどよい、現実的な罪悪感は育児に良い効果をもたらすこともあります。しかし、恥は常に育児に悪影響を与えます。なぜなら、罪悪感は子どもにとって良いものを与えようとする（謝罪し、ダメージを修復し、再びつながろうとする）望みを引き起こすのに対して、恥は、その出来事から私たちを引き離してしまうからです。つまり、子どもが私たちに恥ずかしいと思わせるようなことをしたとき、私たちは子どもから距離を置き[14]、その出来事を知っている人からも距離を置こうとする傾向があります。

また恥は、敵対する怒りや後悔を引き起こさせ、それが反応的な育児につながってしまう場合があります[15]。マーシェル・スカーニエル（Scarnier, M.）の研究チーム[16]は、罪悪感と恥が育児に及ぼす影響を調べました。93名の親に、子どもが3～18歳までの間に見せた最悪の行動を思い出してもらいました。一回きりの出来事も、何回か繰り返した行動も含めてよいことになっていました。そしてどんなことが起こったかを書き出すように依頼しました。身体的・言語的暴力、怒りの爆発、飲酒、セックス、家出、うそ、盗み、物を壊す、悪い成績、宿題をやらない、などが書き出されました。その後、そのとき自分がどう感じ、どう反応したかを尋ねられました。恥と罪悪感の両方を抱いた親は、子どもの行動が引き起こしたダメージを修復したいという望みを持っていましたが、恥だけを感じている場合は、人を避ける行動が見られました。穴があったら親子で入り、身を隠したいと感じていたのです。

二つ目の研究では、研究者は親に、自分の子どもが、一緒に遊んでいた近所の友達を、その親が見ている前で叩いてしまったという場面を想像してみるように伝えました。そしてこの研究においても、罪悪感は、引き起こされたダメージを修復しようとする試み（この場合は、適切に子どもをしつけるなど）と関連していましたが、恥と怒りは過剰反応的な育児と関連していました。このことから、罪悪感は恥に比べてより健全で、有益な感情であり、親が適切で健全で、建設的な方法で子どもの行動を修正しようとするのに役立つことがわかります。

マインドフルペアレンティングを実践することによって、子どもの行動や親としての役割意識から引き起こされる感情に、常に意識を向け直すことができます。自分は育児する中でどんなふうに**感じているの**だろう、と注意を向けるのです。子どもが何かいけないことをしたときに3分間呼吸空間法を行ったり、子育てするうえで大切な問題や計画をしているときにより長く瞑想の時間をとったりすることによって、自分自身の感情に気づき、育児で反応的になるのを防ぐことができます。しかし、私たちには子どもによって引き起こされるネガティブな感情を避けようとする傾向があり、そのため反応的になりやすいのです。ですからまずは、誰しも反応的になってしまう傾向があり、その影響を受けやすいのだということを認識する必要があります。そのうえで、子どもとのやりとりの中で引き起こされたネガティブな感情（その中には罪悪感や恥も含まれるでしょう）を避けずに、その感情と共に「ある」ことを学び、その感情が自分の行動にどのような影響を及ぼすかに気づき、それを調整していくことで、私たちは皆、自分がなりたい親になるためのスキルを習得していくことができるのです。

実践

エクササイズ 8.1

自分だけの瞑想プログラムを作る

これまでの章で、呼吸瞑想、ボディスキャン、音と考えに注意を向ける瞑想、呼吸空間法、見る瞑想、歩く瞑想、選択せずに気づく瞑想、セルフコンパッション、慈悲の瞑想、マインドフルな動きなど、様々な種類の瞑想を紹介してきました。

今週あなたは、どの瞑想、あるいはどの瞑想を組み合わせて実践したいですか。何をどのくらいの時間、どのくらいの頻度で行うかを計画してみましょう。

エクササイズ 8.2

罪悪感、恥、修復

親として、恥ずかしい気持ちや罪悪感を抱くことがありますか。大きなことでも小さなことでもかまいません。このような気持ちは、良い意味で、あるいは悪い意味で、自分にどのような影響を及ぼしていますか。あなたにとって何か役に立っていますか、あるいは何の役にも立っていないでしょうか。あなたが恥や罪悪感を抱いている出来事について、謝りたいことや修復したいことがありますか。それを書き出して、それについて瞑想してください。

これから何かを修復しようとする行動（例：それについてパートナーや友達と話す）を起こす前に、時間をとって考えてみましょう。急いで反応するよりも、どのように修復するかについて入念に考えて準備することで、関係性にもっと良い影響があります。まず、過ちについて自分自身を赦《ゆる》す必要があるかもしれません。そのために、思いやりを込めて自分に手紙を書いてもよいでしょう。恥ずかしいという思いがあれば、同じような思いを抱いている他の親のことにも思いをめぐらせ、自分に当てはめて考えてみましょう。胸に手を当てて、自分に思いやりを送ってあげてもよいでしょう。

文献

[1] Pollan, M. (2009) *In defense of food: An eater's manifesto*. London: Penguin Books.

[2] Kim, W. O., Kang, H. S., Cho, K. J., Song, Y. A., & Ji, E. S. (2008) Comparative study on parenting stress, guilt, parenting attitude, and parenting satisfaction between mothers with a hemophilic child and a healthy child. *Korean Journal of Women Health Nursing*, *14*, 270-277.

[3] McDonald, G., O'Brien, L., & Jackson, D. (2007) Guilt and shame: experiences of parents of self-harming adolescents. *Journal of Child Health Care*, *11*, 298-310.

[4] Meirsschaut, M., Roeyers, H., & Warreyn, P. (2010) Parenting in families with a child with autism spectrum disorder and a typically developing child: Mothers' experiences and cognitions. *Research in Autism Spectrum Disorders*, *4*, 661-669.

[5] McBride, B. A., Schoppe, S. J., & Rane, T. R. (2002) Child characteristics, parenting stress, and parental involvement: Fathers versus mothers. *Journal of Marriage and Family*, *64*, 998-1011.

[6] Schaeffer, C. E. (1990) Night waking and temperament in early childhood. *Psychological Reports*, *67*, 192-194.

[7] Appel, J. (2012) *Wrong time, wrong place*. IDFA opening documentary, Amsterdam, 2012.

[8] Harvey, O. J., Gore, E. J., Frank, H., & Batres, A. R. (1997) Relationship of shame and guilt to gender and parenting practices. *Personality and Individual Differences*, *23*, 135-146.

[9] Rotkirch, A., & Janhunen, K. (2010) Maternal guilt. *Evolutionary Psychology*, *8*, 90-106.

[10] Tangney, J. P., Miller, R. S., Flicker, L., & Barlow, D. B. (1996) Are shame, guilt, and embarrassment distinct emotions? *Journal of Personality and Social Psychology*, *70*, 1256-1269.

[11] Sanders, A. & Diekstra, R. (2016) *Leven en dood van een dertienjarige: 'Het is net alsof ik hier niet hoor...'*. [Life and death of a 13-year old: 'It's just as if I don't belong here..']. Amsterdam: Prometheus.

[12] Aron, A., Aron, E. N., Tudor, M., & Nelson, G. (1991) Close relationships as including other in the self. *Journal of Personality and Social Psychology*, *60*, 241-253.

[13] de Vente, W., Majdandzic, M., Colonnesi, C., & Bögels, S. M. (2011) Intergenerational transmission of social anxiety: the role of paternal and maternal fear of negative child evaluation and parenting behaviour. *Journal of Experimental Psychopathology*, *2*, 509-530.
[14] Lickel, B., Schmader, T., Curtis, M., Scarnier, M., & Ames, D. R. (2005) Vicarious shame and guilt. *Group Processes and Intergroup Relations*, *8*, 145-157.
[15] Tangney, J. P., Wagner, P., Fletcher, C. & Gramzow, R. (1992) Shamed into anger? The relation of shame and guilt to anger and self-reported aggression. *Journal of Personality & Social Psychology*, *62*, 669-675.
[16] Scarnier, M., Schmader, T., & Lickel, B. (2009) Parental shame and guilt: Distinguishing emotional responses to a child's wrongdoings. *Personal Relationships*, *16*, 205-220.

第9章

愛は盲目

否定と受容

私の知る中で最も心を満たし、最も人の成長を促す経験の一つは、夕日を見てその素晴らしさに感謝するのと同じように、周りの人の素晴らしさに感謝することだ。私たちがそうとらえることができたなら、人は太陽のように素晴らしいのだ。考えるに、夕日をそれほど素晴らしいと思えるのは、それをコントロールすることができないからなのではないだろうか。何日か前のように今また夕日を眺めながら、「右の角のオレンジをもう少し薄くして、下のほうの紫をもう少し濃くして、雲の色にはもう少しピンクを入れたほうがいい」などとは言わないだろう。そう、夕日をコントロールしようなどとは思わない。ただ目

の前で繰り広げられるままを、畏敬の念を抱きつつ、感動に立ち尽くしながら見るだけだ。

カール・ロジャーズ（Rogers, C.）〔1〕

もしも子どもが目が不自由な状態で生まれたら、両親は、これから子どもや自分たちや家族が経験できない事柄について考え、家の中や生活の仕方も、子どもに合わせて大幅に変える必要があるという事実にしばらくはとまどうでしょう。少し時間が経ち、子どもが何かにつまずいても、親は「何やってるの！　ちゃんと見なさい！」とどなったりはしないでしょう。子どもは目が見えないのを知っているからです。でも悲しいことに、それはすべてのことには当てはまらないのです。

子どもが見た目からはわからない違いを持っている場合（例えばＡＤＨＤのように）、ちゃんと考えていないとか、ちゃんと注意していないとか、じっとしていないとか、ＡＤＨＤの子どもにとってはたとえ難しいことであっても、親は子どもがそれができないことを怒ります。同じように、自閉症の子どもに、他のみんなに合わせなさいとか、他の人のことを考えなさいとか、友達と一緒にゲームをやりなさいとか、いくら言っても無駄なのです。自閉症の子どもにとっては難しいことだからです。

子どもが持つ、避けられない「不完璧さ」（imperfections：明らかな障害や、各自が持つユニークな性質や違いも含めて）を受け入れるには、子どもができないこと、子どもがなれないもの、子どもや自分たちが得られないもの、親子関係の中で達成できないこと、どんな家族になれないかについてまず嘆き悲しむことが大切です。このプロセスを経て受容をして初めて、子どもが持つ具体的な性質や能力やニーズを見て、本当の意味で理解し、可能な限り豊かで意義深い、充実した人生を送れるように助けることができるようになります。

生まれつき口唇裂を持つ子どもを対象にした研究[2]についてリン・マレー（Murray. L.）教授から話を聞いたことがあります。研究で最も難しい課題は、子どもの発達に対する長期的な影響を調べるためだけに、子どもに必要な事柄（親から注意を注がれることなど）を与えなかったり、害を与える経験（育児ストレスなど）にさらしたりすることはできないということです。そのため、ＡＤＨＤの子どもに使われるリタリンなどのメチルフェニデート（先進国の約５％の子どもに使われている精神刺激薬）の長期的効果はまだ解明されていない現状があります。なぜなら、この薬を飲ませるべきかどうかを科学的に検証するためには、多くの項目について調べ、また40，50年後に追跡調査を行う必要があるからです。

単に研究目的のために、その子どもにとって有益で効果がある可能性がある治療を受けさせないのも倫理的に問題です。だからと言って、ＡＤＨＤの子どもたちの中で、単に薬を飲んでいるグループと、薬を飲むのを拒否しているグループという自然にできた条件下で比較しただけでは、もしも違いが出たとしても、この結果が実際に薬によるものなのか、それとも他の要因によるものなのかは特定できません。子どもに薬を使わせることを選ぶ親と選ばない親では、それ以外の面でも異なっている可能性があるからです。子どもに対する期待や、健康的な食事をしているかどうか、引っ越しの頻度、子どもの疾患を受け入れることに困難を抱えているかどうかなど、結果に影響を与える可能性のある要因が他にも数多くあります。

この結果、科学的にデザインされた実験研究に代わる有益な方法として、自然研究が行われるようになりました。自然研究では、同様の特質を持つ二つのグループに無作為に分けるために、実際の生活が用いられます。マレー教授の研究では、四つの病院が使われました。A病院とB病院では、口唇裂のある子どもは生後間もなく手術を受けていました。C病院とD病院では、同じ手術が生後3，4か月後に行われていました。四つの病院はおおよそ同様の地域に位置していて、患者は自分の住む場所に応じてそれに近い病院を利用していたので、グループの分け方としては、おおよそ無作為に振り分けられたといえます。

マレー教授の研究チームは、手術が早期に行われたグループと、それよりも遅くに行われたグループとの間の、母子関係の発達の違いを調べました。生後間もなく手術が行われたグループの母親は、遅くに行われたグループの母親に比べて、注意を向けて子どもを見て、子どもに敏感に応答し、積極的に関わっていました。後者のグループの母親は、子どもから目を背け、子どもが出すシグナルにあまり敏感に反応していませんでした。生後2か月後、後者のグループの子どもは、前者に比べて母親を見ることが少なく、より強いストレスを感じていました。生後18か月後、前者のグループの子どもは、後者のグループの子どもに比べて認知的発達が優れていました。

この違いは、遅くに手術を受けた子どもたちは、母親からの敏感な反応や積極的な働きかけが少なく、あまり見てもらえなかったことが影響したと説明されました。目をそらすというのは、子どもの障害を受け入れていないことを示しています。母親は子どもを見るのが苦痛で子どもを見なかったため、子どもが必要とする注意を与えることができませんでした。注意を十分に向けないと、母子の絆を弱め、子どもの自分自身に対する見方や自分の価値観も低める可能性があります。マレー教授の研究で明らかになった解決策は、口唇裂の子どもには早期に手術を行うことが好ましいということです。しかし、他の違いや障害を持つ子どもとその親にとっては、解決策はそれほど簡単ではありません。ただ、目を背けることは決して解決策にはならないということは確かです。

子どもの「不完璧さ」から目を背ける（実際にも、あるいは比喩的にも）のは、やはり、**親としての経験的回避**[3]という概念が関係しています。これについてももう少し詳しく見てみましょう。私たちは誰でも、罪悪感、恥、悲しみ、恐れ、苦痛、怒り、ねたみ、退屈といったネガティブな感情を感じたくないために、それらを追いやろうとする傾向があります。そして、幸福、愛、楽しみ、至福といったポジティブな感情に浸ろうとします。仏教では、楽しいことにしがみつき、難しいことを避けようとすることが、多くの場合、苦痛を引き起こしているとされています。

本物の花が偽物の花よりも美しく見えるのはなぜでしょうか。生花はやがて枯れると知っているので、もっと愛おしく思えるのかもしれません。その姿は一時的であり、永遠に保つことはできません。だから、それを受け入れ、あるがままにしておく必要があります。「これもまた過ぎ去るもの」という表現は、どのような状況にあっても私に大きな慰めを与えてくれます。長引く仕事の問題、愛する人からの拒絶、病気の子ども、修復しようとしてもうまくいかない人間関係など、すべては過ぎ去るでしょうし、少なくとも、それに対する私の苦しみ方は変化していくことでしょう。

私たち親や子どもの人生において、良いことも悪いことも必ず起こります。それを**平静な気持ちで受け入れる**訓練をしていくと、苦痛を和らげることができ、マインドフルペアレンティングの態度を養う助けになります。英語で平静という意味を表すequanimityという言葉は、ラテン語の*aequanimitas*に由来し、ストレス下にあっても感情を安定させる力があることを意味します。平静であるとは、良いことも悪いことも含めてあらゆる経験を歓迎することです。そのためには、「ネガティブな」感情を感じたときに、排除しようとしたり、感じないようにしたりせずに、心だけでなく体でも注意深く味わうようにするのです。

人はネガティブな感情を避けるために、数多くの方法を用います。アルコールや食べ物の乱用、働きすぎ、常に人といることもその一つです。ネガティブな感情を歓迎するとは、物事をあるがままに見て、それらを拒否せずに受け入れることです。そして、育児だけでなく、生活のあらゆる場面でそれを実践することができます。受容するとは、仕方なく、という消極的な姿勢ではなく、人間の感情の幅広さや奥深さを体験し味わおうという姿勢で、積極的に自分の感情に近づくことです。矛盾しているようですが、実際は、受け入れ、手放して初めて、物事を変える力を得るのです。

子どもや青少年のメンタルヘルスケアセンターでマインドフルペアレンティングを教えてきた私は、精神疾患の診断を受けた子どもやその親と関わる機会が数多くありました。この中には、自閉症や不安症、うつや依存症など様々なチャレンジを抱える子どもたちがいました。マインドフルペアレンティングは、がんや慢性病といった医療的ニーズのある子どもたちの親に対しても教えられています。これらの問題の深刻さはそれが一時的なものか、永続的なものかという視点で判断することもできます。初めて子どもの診断について知らされたときは、それがどのように変化する可能性があるのか、5年後、10年後どのような状況になるのかということについては、何も信頼できる情報がない場合もあり、こうした予測不可能な状況や、何か良くなる方法があるかもしれないという希望があるため、今の状況を嘆き悲しむプロセスをたどることが難しくなります。失うものを受け入れる時間をとるべきなのか、あるいは問題を解決するために全エネルギーを注ぐべきなのか迷うのです。

こういった状況では、たとえネガティブな感情を避けようとしていなくても、エリザベス・キューブラー＝ロス（Kübler-Ross, E.）〔4〕が定義したグリーフ（悲嘆）の五つの段階（否認、怒り、交渉、落ち込み、受容）を、子どもの状態の変化に応じて繰り返し経験します。この間、他にも恐れや恥も抱きますし、何かを避けることができたのではないかという考えから来る罪悪感や、あるいは自分が健康であることや生きていること自体に対する罪悪感を抱く場合もあります（第8章参照）。幅広く揺れる強い感情とただ「共にある」能力、クッションや椅子に座って「何が来ても大丈夫。私は準備できている」と言える能力を養うことが、マインドフルペアレンティングの一部であり、そして最も多くの時間と労力と配慮を傾ける必要がある部分でもあります。でも、そうする価値は十分にあります。なぜなら、そうすることによって受容でき、子ども一人ひとりが持つ独自のニーズや能力に気づき、理解し、それを基にして世話をし、育てていくことができるからです。

マインドフルペアレンティングのグループプログラムに参加した一人の母親から聞いた話ですが、胸にしこりを見つけた彼女は、以前乳がんを患ったことのある自分の母親にそのことを伝えたそうです。すると母親は、「ああ、そんな！　他にもたくさん大変なことがあるのに、私にはとても耐えられないわ！」と言ったそうです。もちろん、娘の話を聞いて様々な感情があふれ出てしまったことは理解できますが、それを何とか調整しようともせず、たとえ控えめに表現したとしても、なぜそれほど「不器用な」反応をしてしまったのかはわかりません。そのような反応をする代わりに、「30分くらい、落ち着いて考えてみていいかしら。また電話するわね」と娘に言って腰を下ろし、自分に「大丈夫。そのまま感じていい」と言い聞かせることができたら、まったく違っていたのではないでしょうか。娘が苦しむのを見るのが自分にとってどれほど難しいことか、また娘からの電話を受けて、自分のがんの経験を思い出し、恐れや恥や無力感が蘇ってくるのに気づいたかもしれません。このような感情を歓迎することで、何か意義深いことを娘に話すことができたかもしれませんし、娘はそれを聞いて、自分の苦痛に気づいてもらえたこと、母親がそこにいて支えてくれることを実感することができたかもしれません。

親としての経験的回避は、二つのレベルで起こり得ます。一つめのレベルは、「子どもの行動」に対する回避です。ここでは身体的・精神的に深刻な状況でない、簡単な例を使って見てみましょう。あなたの幼い子どもが眠れずにまた起き出してきたと想像してください。あなたはひどく惨めな気持ちで、もしも眠れなかったら明日また疲れてしまうだろうと心配します。「親としての経験的回避」の最初のレベルは、単純に、子どもがベッドで何度も寝返りを打ったり、くよくよ心配したり、学校で疲れたりする、という「行動」を、しないでほしいと願うことです。幸せで明るくて元気でいてほしいと願うことです。魔法の杖で彼を眠らせ、そんなネガティブな思いは吹き飛ばして、ぐっすり眠れたらどんなにいいでしょう。

回避の二つめのレベルは、「親としてあなたが受ける感情」への影響を回避することです。あなたはまだ仕事が残っていて、子どもから何度も邪魔されるのでストレスやイライラを感じたり、自分の子が他の子のように（実際はそうでなくても、少なくともあなたの考えでは）眠れないことをがっかりしたり、ひどく忙しい一日だったのに自分の時間がとれずに疲れ切ったりしているかもしれません。子どもの問題が引き起こす様々なことへの心配も出てくるでしょう。学校で集中できないことへの罪悪感、子どもを早く寝かせない親だと先生から思われることへの恥ずかしさ、自分はダメな親だというみじめな気持ち、問題を真剣にとらえてくれず、親だけで対処するように放っておく医療者への怒りなども湧いてくるかもしれません。

親であるあなたは、子どものネガティブな感情と、子どもの問題によって自分が感じるネガティブな感情の両方をおのずと回避しようとする傾向があります。それは、あなたの反応の仕方に影響します。もしかしたら、怒って子どもをベッドに戻らせたり、計画を変えて、子どもがすぐに寝るように一緒にベッドに入って寝てあげたりするかもしれません。でも、もしもそのとき、座って瞑想する時間をとり、眠れず、ベッドに入っていられないという子どもの状態について自分がどう感じているかに本当に焦点を当てることができたら、どんなことが起こるでしょうか。

子どもが起きてくるたびに、呼吸空間法を実践してみたらどうなるでしょう。自分の体の感覚や、呼吸を感じ、そして、湧いてくるすべての考えや感情、子どもが起きてくるたびに湧き上がる不安に気づき、そして自分に、「大丈夫。そのまま感じていい」と語りかけたら、どうでしょうか。そうすることであなたは、「子どもは子どもが感じることを感じているし、私は私が感じることを感じている」ということを受容し始めるのです。そして、受容することによって、問題にどう対処すれば最も良いかについて熟考して決めるのに必要なスペース（時間的、精神的余裕）を創り出すことができるのです。

眠れないこと、欲しいものが得られないと大騒ぎしてわめくこと、食事のときに食べようとしないこと、コンピューターばかりしていること、使っても片づけないこと、宿題をやらないことなど、あなたを困らせる子どもの行動や性格がどのようなものであっても、それが起こるたびに、自分の中に湧いてくる感情や、体に起こる反応に気づいてみてください。感情と体に何が起こっているか、じっくりと観察するのです。あなたは何と闘おうとしていますか。あなたが自分に感じさせないようにしているのは何ですか。それらの感情や感覚を追いやろうとせず、それらに注意を近づけていきましょう。呼吸する時間をとります。よければ、自分に思いやりを送ってみます。ラインホルド・ニーバーの静穏の祈りを心の中で唱えてみましょう。

変えることのできないものを静穏に受け入れる力を与えてください。変えるべきものを変える勇気を、そして、変えられないものと変えるべきものを区別する賢さを与えてください。[5]

子どもの問題行動（たとえそれが変えられる行動であっても）に対処するとき、まずあなたにできることは、どんなときでも、今起こっている現状を受け入れることです。ティク・ナット・ハンは、これを「物事のあるがまま（The suchness of things）」と表現しています。もしもあなたが、一日中働いて家に帰ってきたときに、朝はきれいにして出たはずの我が家がひどく散らかっていても、すぐに反応しないでください。その代わり、その混沌した部屋の中に座り、あたりを見回し、すべてを自分の中に取り入れてみて、自分の中で何が起こっているかに気づいてみます。何を感じますか。体にはどんなことが起こっていますか。どんな行動に移ろうとする衝動が湧き起こってきますか。家を、今あるがままの状態で見てみましょう。自分に「そのままを感じていい」と語りかけます。そのとき、この状況と、自分の感情的な反応に気づいて初めて、何をするかを選んでください。掃除を始める、みんなに掃除をするように言う、混沌とした状態のままにしておく、自分が気づいた怒りのレベルに応じて怒りを表す、など、様々な選択肢があります。そのように対処した後は、どの選択肢も、状況と自分の心の状態を十分に把握したうえで、意識して選んだことになります。

中には、はるかに深刻で張り詰めた局面に立たされる中で、受け入れることを学ばなければならない場合もあります。子どもが進行する病におかされていたり、他人に危害を与えて施設で治療を受けなければならなかったり、自殺企図を持っていたり、テロの攻撃を受けたりなど、これらはすべて現実に起こり、実際、その子どもたちの親が経験したことです。そして、彼らはそれを受け入れなければなりませんでした。瞑想する中で、このような親について考え、彼らに力と解決と平安があるように願ってあげてください。

実践

エクササイズ 9.1

心の平静を保つ実践

天気に対して、心を平静に保つ練習をしてみましょう。明日、家を出るときに空を見上げ、温度や湿度を感じ、自分が太陽や雨からどんな影響を受けているかを感じてみます。それをすべて平静な心で行ってみます。顔に風が当たるのを感じたり、ほほに雨が落ちるのを感じたり、太陽の光が肌に当たるのを感じたりするとき、どんな感覚が湧き起こるでしょうか。流れる雲や、遠くにそびえる木々を眺めてみます。自分の姿勢にも気づいてみましょう。くもりや雨のとき、少し前かがみになっているのに気づいたら、胸を広げ、背骨を伸ばしてみましょう。暖かい晴れの日にそうするのと同じように、くもりや雨を受け入れて、歓迎してみます。

同じ練習を、子どもの気分や行動に対してもやってみましょう。子どもが泣いたり、かんしゃくを起こしたり、プンプン怒っていたりしたら、100％の注意を向けて観察し、そのときの子どもの心の状態を歓迎し、良い悪いといった判断をせずに、それが自分にどんな影響を与えているかに、ただ気づいてみます。そして自分に「これもまた過ぎ去る」と語りかけます。

子どもが機嫌の良いときもまた、同じように平静を保ちましょう。子どもの表情や様子、行動を観察し、それによって自分がどのように影響を受けているかに気づきます。自分に対して、穏やかな、親切な気持ちで「ありがとう」と伝えましょう。これもまた過ぎ去ることを知りながら、この経験ができることに感謝しましょう。

エクササイズ 9.2

困難と共にある静座瞑想

DL Track 08

音声ガイダンスはこちらから▼

解決を図り、思いやりを持てるようになるために、困難な状況や困難な感情に意識を向ける瞑想です。難しく思える場合もあるので、自分にとってやりやすい状況や感情を選んで始めてみるとよいでしょう。深刻な内容に取り組むにはまだ準備できていないと思ったら、例えば、疲れて帰ってきたのに、子どもがすることになっている手伝いをやっていなかった（食洗器からお皿を出していない、洗濯物を取り入れていない）といった状況でも十分です。実践を重ねていき、もっと困難な状況や感情に挑戦してみましょう。今週は毎日この実践に取り組んでみてください。〈Track 08〉を聞きながら、あるいは以下の説明を読んでから行ってもよいでしょう。音声ガイダンスを使わない場合は、タイマーを10分にセットしておきましょう。

椅子でも床でもよいので、瞑想する姿勢で座ります。今、ここに座っている感覚を感じる時間をとってみましょう。体が床や椅子に触れている感覚や、呼吸が体から出たり入ったりしている様子、自分の体の状態を感じてみます。落ち着いたら、ストレスやネガティブな感情を感じた育児場面を思い浮かべてみます。子どもが言うことを聞かなかったときや、子どもがダダをこねた場面、学校で子どもが問題を起こして先生から呼び出されている状況など、最近起こった出来事を思い浮かべてみましょう。

以下の質問を自分に尋ねながら、できるだけ鮮明にそのときの状況を想像します。

■私はどこにいたか
■他に誰がそこにいたか
■何が起こったか
■他の人は何と言ったか
■私は何をしたか、または何と言ったか

そのあと、自分に尋ねます。

■私はその状況でどんなことを感じたか
■私の体にはどんなことが起こったか
■私はどんな感情を感じたか

次に、注意を今ここに座っている体に向けます。どんなことに気づきますか。緊張やその他の感覚を感じますか。体にどんなことが起きているかを、詳細に感じてみましょう。それに意識を集中します。自分に「大丈夫。そのままを感じていい」と言います。一つ一つの感覚に近づいていき、価値判断せずにそこに意識をとどめてみます。緊張や不快感に気づいたら、それを感じる箇所で、息を吸い込んだり、吐き出したりしてみましょう。注意がさまよい、困難な感情や状況から意識が離れたら、再び戻します。

この実践をしていて、心が圧倒されそうになったら、いつでも体が床や椅子に接している部分や、体と体が接している部分の感覚や呼吸のリズムに戻ることができます。落ち着きを取り戻したら、困難な状況や不快な感情に注意を戻します。困難と共に座り、瞑想しながら、自分に思いやりを送ることも選べます。「私はつらい思いをしている」「可哀そうな○○さん（自分の名前を入れる）、親になるって楽じゃないよね」と独り言を言います。両手を胸に当てたり、自分を抱きしめたりしてもよいでしょう。

同じ状況や感情、あるいは別の状況や感情を想像しながら、この実践を繰り返していくと、助けになります。

エクササイズ 9.3

子どもの最悪の行動を、瞑想の合図にする

子どもの行動で、自分がいちばん嫌だと思う行動について考えてみます。自分の時間を持ちたいと思っているのに、子どもが何度もベッドから出て歩き回ることや、自分のやりたいようにできないとひどい態度をとること、歯をちゃんと磨かないことや、朝起きてこないことなど、たくさんある中から、一つに絞ってみます。繰り返し実践できるように、毎日あるいは頻繁に見られる行動を選んで、書き出します。

翌週、この行動を、瞑想を始める合図にします。子どもがこの行動をしたら、すぐに3分間呼吸空間法をして、その後でそれに対してどう対応するか、あるいは対応するかしないかを選びます。こうすることで何を学んだかを書き留めます。子どものこの行動について自分が困ったり、いらついたりすることの根っこにある自分の感情や考えを発見するでしょう。あるいは、一貫して3分間呼吸空間法を続けていくことで、自分の普段の反応が変わっていくことに気づくでしょう。また、あなたが変化するにつれて、子どもの行動も変化していくのに気づくかもしれません。この実践によって起こる様々な変化をオープンな心で気づき、味わい、受け入れてみてください。

文献

[1] Rogers, C. R. (1995) *A way of being*. New York: Mariner Books.
[2] Murray, L., Hentges, F., Hill, J., Karpf, J., Mistry, B., Kreutz, M., ... & Goodacre, T. (2008) The effect of cleft lip and palate, and the timing of lip repair on mother-infant interactions and infant development. *Journal of Child Psychology and Psychiatry*, *49*, 115-123.
[3] Cheron, D. M., Ehrenreich, J. T., & Pincus, D. B. (2009) Assessment of parental experiential avoidance in a clinical sample of children with anxiety disorders. *Child Psychiatry and Human Development*, *40*, 383-403.
[4] Kübler-Ross, E., & Kessler, D. (2014) *On grief and grieving: Finding the meaning of grief through the five stages of loss*. New York: Simon and Schuster.
[5] Shapiro, F. R. (2014) 'Who Wrote the Serenity Prayer?' *The Chronicle Review*, April 28.

第10章

スキーマ

過去の子ども時代を再び体験する

すべての人の中には子どもがいて、遊びたがっている。

フリードリヒ・ニーチェ（Nietsche, F.）

子ども（や孫）を持ち、育てることは、この人生で経験できる、心を最も豊かにする経験の一つです。子どもが成長するにつれて、親である私たちは自分の子ども時代を再体験します。波打ち際で子どもと一緒に砂の城を作るとき、太陽や海岸や水を体で感じ、濡れた砂で壁を作り乾いた砂を塔のてっ

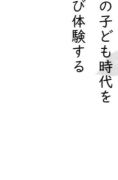

ぺんからかけるのを楽しみ、城の飾りに使う貝の美しさに感動します。大きくて手の込んだお城ができたと誇らしげに言うそばから、波にすべてをさらわれて、ちっぽけな自分を実感するのです。

そうやって子どもたちとの時間を過ごしていると、まるで時間が止まったように感じ（波は止まりませんが）、子どもと一体になって、その瞬間、その場所にいるのを感じます。そしてまた、自分の子ども時代を再体験します。自分の中の遊びたがっている「子ども」とつながるからです。子どもと楽しいときを過ごしながら、自分の中にいる子どもとも再びつながるという二重の経験をするため、育児をするときには、感情的な負荷がかかります[1]。

親になるとき、自分の子ども時代の経験に加えて、どのように育てられたか、どのような世話を受けたかについても再体験します。最初の子どもが生まれたとき、私は大きな責任を感じて、それが一生永遠に続くように感じました。急に、謙虚な気持ちと、五人分の責任を引き受けてくれた両親に対する尊敬の念が湧き起こってきました。それはどれほど重い責任だったことでしょう。生活の中でどれほどの勇気と献身と信心が必要だったことでしょう。自分が若く、心もとない親になって初めて、聖書にある「あなたの父と母を敬いなさい」という戒めの持つ深い意味を理解し始めたのでした。

母親になってからの1週間で、私は両親に長い手紙を書きました。その中で、子ども時代の楽しい思い出を振り返り、両親が私のためにしてくれたすべてのことに感謝し、二人が自分にとってどれほど大切な存在かを伝えました。手紙の中で、私は自分を両親に結び付け、私は、二人の親仲間になっていました。二人から学んできたことを、自分の息子にも伝えたいと願っていることを伝えました。10年後、父が急に亡くなったとき、父がいつも仕事をしていた机の上の便せんの下に、その手紙がはさんであるのを見つけました。父はこの手紙を何度読み返したのか、この手紙が父にどんな影響を与えたのか、今となっては知るよしもありません。でも、母親になったばかりの私が二人に抱いていた、心からの深い尊敬の念を感じてくれたことを願ってやみません。

妊娠中、私は何かにとりつかれたように編み物をし、自分でデザインしたベビー服を縫い、自分で刺しゅうを入れたベビーベッド用のシーツを用意し、小さな靴さえ作りました。すべて、幼いときに来る日も来る日も母から楽しく教えてもらった手芸ですが、それまでは研究者、心理療法士として忙しく働いていたので、一度もしたことはありませんでした。こうして本を書きながら改めて振り返ってみると、そのとき私は出産に備えて自分の「巣作り」をしていただけではなく、親としての役割を果たすのに備えて、自分の子ども時代を再体験していたのだと気づきました。13世紀の禅僧、道元は、「子どもが生まれるとき、親は子どもになる」[2]と語りました。まさにその通りです。

子ども時代や両親との関係の良い面を再体験することは楽しいことですが、私たちの多くは、自分が育てられる中で経験した良い面だけでなく悪い面も再体験することになります。良い面だけを自分の子どもに伝えようと努力しても、意図せずに悪い面が伝わってしまう場合もありますし、伝えまいとするあまり、新たな問題を生み出してしまう場合もあります。例えば、幼い頃、親がホテルを経営していてあまりかまってもらえなかったと感じているある母親は、親になった今、自分のことはまったく顧みずに子どもたちを甘やかしています。親や教師から体罰を受けたある父親は、怒りをぶつけないようにするあまり、子どもがいけないことをしてもただ笑うだけで、自分自身の考えや親としての役目を真剣にとらえられていません。自分が育つ中で経験した様々な要素を十分に再体験し、その良い面を慎重に自分の育児に生かしていこうと意識的に努力することによって、より豊かで素晴らしい育児ができるだけでなく、それをもっと楽しむことができるようになります。

心理学者ジェフリー・ヤング（Young, J.）[3][4]によって開発されたスキーマ療法は、育児中の私たちにも応用できます。自分の中でごちゃまぜになった過去の思い出や子ども時代の出来事を解きほぐし、整理する助けになり得るのです。ここで用いるスキーマとは、親をはじめとする、自分にとって重要なアタッチメント（愛着）の対象との過去の関係についてのイメージ、文脈、知識や記憶の表象、まとまりです。例としては、「もしも自分が泣けば、食べさせてもらえる」「もしも自分が痛みを感じていたら、慰めてもらえる」「もしも自分が怒ったら、ぶたれる」「もしもルールを破ったら、お仕置きをされる」などがあげられます。しかし、「もしも〜なら、〜なる」といった単純なスキーマだけでなく、感情的、身体的な経験と行動が複雑にからみ合っているものもあります。

例えば、「もしも自分が怒ったら、ぶたれる」というスキーマには、怒りと恐れなどの感情的要素、ストレスや痛みなどの身体的要素、そして怒りを表す、ぶたれないように逃げる、ぶたれた後で引きこもるなどの行動的要素が含まれます。スキーマは、私たちが心に抱く感情や体が感じる感覚、考え、衝動など、関連するすべてが統合された経験です。また、スキーマは、私たちが現実を整理し、新しい状況を予測するのに役立つだけでなく、さらに新たな現実も作り出します。つまり、「もしも自分が怒ったら、ぶたれる」という関連は、ある人にとっては「もしも自分が怒ったら、恐れや引きこもりを経験するかもしれない」というスキーマを作り出すだけでなく、「もしも自分が怒ったら、拒否される」ということも含まれるかもしれません。このようなスキーマを心の中に内在化する人は、怒りを外に表すことで起こり得る結果を恐れるようになり、そのような結果を避けるために怒りを完全に抑え込んでしまうかもしれません。人を喜ばせようという態度は、生まれつきのものではなく、そのように作られたものなのです。

スキーマは、自分がどのように人との関係をとらえ、体験しているか、また関係性の中でどのように行動しているか、そしてどのように新しい関係性を選んでいるかを私たちに教えてくれます。ヤングは、適応的（助けになる、建設的な）スキーマと、不適応的（有害な、自滅的な）スキーマがあるとしています。不適応的スキーマは、過去のある状況では適応的だった場合もあります。例えば、「もしも自分が怒ったら、拒否される」というスキーマは、怒りを表すと体罰を受けることの多い環境で育つ子どもにとっては、適応的だったかもしれません。しかしその子どもが大人になり、愛するパートナーと共に暮らそうとするときには、それは不適応的スキーマになります。このように、スキーマが適応的か不適応的かという分け方は、環境や関係性によって異なる場合もあります。

また、スキーマは自己永続的（自分で長く継続させる）傾向があります。私たちは非常に選択的な見方や解釈、記憶や拒否、反復によって、スキーマを定着させていきます。例えば、「もしも自分が怒ったら、拒絶される」というスキーマを持つ人は、怒りが拒絶につながった状況に気づき、それを記憶する傾向があります。また、怒りによって拒絶された経験を、そうでなかった経験よりもよく記憶しますし、怒りに対して相手がどっちつかずの反応や曖昧な反応を見せたときにも、それを拒絶された、と解釈します。そのような人は、できるだけ長い間怒りを表出しないように我慢したあげく、怒りを爆発させ、拒絶されるのを避けられないような状況を作り出します。最悪なケースとしては、自分のスキーマが正しいことを体現し、確定してくれるような、暴力的なパートナーを選んでしまう場合さえあるのです。

親になった私たちは、自分の親や世話をしてくれた大人との関係性の中で生まれた不適応的スキーマを、自分と子どもとの関係性を通して、子どもに伝達してしまう場合があります。このような不適応的スキーマはある出来事によって活性化されます。例として、ある母親の「拒否されることへの恐れ」というスキーマは、自立し始めた子どもが怒って「違うお母さんがいい！」と叫んだことがきっかけとなって活性化します。母親が離婚していて、子どもが、新しいお母さんのほうがずっといいと叫んだとしたら、スキーマはさらに強く刺激され、母親は不安と心配にかられて、子どもが永遠に自分の元から去ってしまうのではないかと考えます。そしてそれを防ぐために、子どもを甘やかしたり、新しい母親の悪口を言ったり、公的な親権申請を始めたりするなど、あらゆる手を尽くします。

スキーマは私たちの弱点にもなりうると考えられます。常に活性化しているわけではありませんが、何かのきっかけで刺激されると、私たちの考えや感じ方、行動の仕方をまるっきり変えてしまう場合もあります。ヤングは、ある状況における私たちの考え方、感じ方、行動の仕方を、**モード**と呼んでいます。キャスリーン・レスティフォ（Restifo, K.）と私[1]は、親が子どもによって感情的になるとき、自動的に、意識的に、あるモードに入ってしまう場合があると述べました。

ある父親が子どもを叱りつけているとしましょう。彼自身は、ヤングの言う「健康的な親モード（healthy parent mode）」（後で説明）で行動していると考えていますが、もしも何かをきっかけに感情的にその行動をとっているとしたら、また別の「子どもモード（child mode）」あるいは「内在化した親モード（internalized parent mode）」で反応していることも考えられます。この「内在化した親モード」とは、自分が子どものとき、親、あるいは重要な愛着の対象であった大人との間で経験したことに基づいて作られています。

まず、「子どもモード」が活性化されていると仮定してみましょう。この場合、父親は子どもとのやりとりを通して、子ども時代の自分が何かいけないことをして、親から叱られていたときに感じたことを再体験することになります。ヤングは、三種類の子どもモードに分けています（それ以外にもあると考えられます）。一つは、「脆弱な（傷つきやすい）子どもモード（vulnerable child mode）」で、拒絶され、見捨てられた子ども、あるいはネグレクトや虐待を受けた子どもが経験するモードです。もう一つは「怒る子どもモード（angry child mode）」で、自分のニーズが満たされないことを怒り、満たされる権利があると主張し、操作的で、自己中心的な形で怒りを表します。最後の「衝動的な子どもモード（impulsive child mode）」は、急に湧き起こる望みにかられて自分の感情をあらわにし、それに基づいて行動し、結果にはおかまいなしにその瞬間、瞬間の本能に従います。

反対に、「不適応的な親モード（maladaptive parent mode）」が現れるケースもあります。子どもとのやりとりの中で、自分の親との過去のやりとりを再体験するという点では同じですが、この場合は、自分の中に内在化している親の立場でそれを体験します。ヤングは、二つの不適応的親のモードがあるとしています（これについても、それ以外にもあると考えられます）。「懲罰的な親モード（punitive parent, punishing parent mode）」は、厳しく、許さない態度で子どもの「いたずらな」態度や行動を批判し、罰します。ただし、この「いたずらな」態度や行動は子どもとして普通であり必要な範囲であるにもかかわらず、自分が子どものときに親からそれを許してもらえなかったために内在化しています。もう一つは「要求的な親モード（demanding parent mode）」で、強制し、プレッシャーを与え、厳格な枠組みを示し、高すぎる基準に達するように絶えず子どもに強要します。そして、感情を表現したり、感情のままに行動したりすることは間違いだと感じています。

育児をする中で、感情に独特な負荷がかかること（親として、子どもが感じることや体験することを感じたり体験したりすることに加えて、自分の子ども時代の経験やどのように育てられたかを再体験すること）で、良い意味でも悪い意味でも感情が増幅されます。子どもとのやりとりによって喜びや幸福も増える一方で、怒りやイライラ、心配や恐れや罪悪感もまた強められるのです。子どもとのやりとりがきっかけになって強い感情が引き起こされると、「子どもモード」や「内在化した親モード」で反応してしまうことがよくあります。モードは、その瞬間に自分がどう考え、感じ、行動するかで成り立っているので、様々なモードが一度に活性化したり、次から次へと高速スピードで現れたりすることもあり得るわけです。

私のマインドフルペアレンティングコースを受けたある母親の例をあげてみましょう。彼女には自閉症を持つ幼い娘がいて、痛みにとても敏感なため、毎朝髪の毛をとかしてあげるたびに叫びます。母親はそのたびにストレスと怒りを感じ、さらに強く髪の毛をとかしてしまい、娘はさらに大きな声で叫ぶという状況が引き起こされます。すると、母親は絶望を感じ、自分はろくに娘の世話もできないダメな母親だと感じます。スクールバスが来るときには、母親も娘も感情的に疲労困憊しているという状況が毎日繰り返されるのです。

私はこの母親に、この状況から自分の子ども時代のことや、両親との関わりの中で何か思い出すことはありますか、と尋ねてみました。すると彼女は、幼いとき、父親には自閉症があり、母親は問題ばかり起こす自閉症の弟の世話で忙しく、自分のことは何でも自分でやらなければならなかったと語ってくれました。彼女は、母親にそれ以上大変な思いをさせられなかったので、自分は怒ったり、問題を起こしたりすることなどできないと感じていました。そのため、母親を独り占めしている弟に嫉妬を感じていました。そして今、自分は子どものときに親からほとんど注意や世話を受けることができなかったのに、母となった今、自分の娘はそんな自分から常に、一方的に注意を払ってもらっていることに対して嫉妬心を感じていたことに気づきました。

そして私は、娘さんとのやりとりの中で、「子どもモード」や「内在化した親モード」があるのに気づいたかどうか尋ねました。彼女はすぐに「怒る子どもモード」があるのに気づきました。自分の中の子どもは、弟は母親からの注意を十分に受けていたのに自分はまったく受けていなかったこと、そして今、自分の娘からも注意を払ってもらっていないことに対して怒りを感じていることに気づきました。他のモードに気づいたかどうかを尋ねると、しばらく考えた後で、「要求的な親モード」があることに気づいたと答えてくれました。子どものとき、親からすべて自分でするように期待され、今は親としてすべて自分一人で娘の世話をしようとし、ちょっとでもうまくいかないと自分をダメな母親だと責めていると言っていました。そして急に幼いときの記憶がよみがえり、嫌だと言うのに、ちゃんと自分で髪をとかしていないからという理由で母親から無理やり髪の毛を切られたときのことを話してくれました。この記憶によって「懲罰的な親モード」が現れ、母親として娘の髪の毛を強くとかしてしまうという行動につながっていたのです。

最後に、「怒る子どもモード」や「要求的な親モード」や「懲罰的な親モード」の自分は、「健康的な親モード」の自分から何を必要としていると思うかを尋ねてみました。「健康的な親モード」は、スキーマ療法の核となる部分であり、私たちの内にある、思いやりに満ちた、養い育てる、賢明な、率直に自分の要求を伝える性質を持った自分自身であり、このモードによって、自分の限界に気づき、優先順位を定め、自分の価値を見いだすことができます。「健康的な親モード」が十分に強ければ、他のあらゆる不適応なモードをなだめ、制圧することができます。母親は、自分の「健康的な親モード」が、親に忘れられた、「怒る子どもモード」を慰めてあげたがっていると言いました。そして、親のことを怒っていいし、弟に嫉妬していい、それは正当なことだと伝えたがっていると言っていました。これからは、自分の中にいる「怒る子どもモード」を忘れず、自分が必要としていることにマインドフルに気づいてあげたい、そして娘の髪の毛をとかした後は、少しの時間両手を自分の胸に当てて、「娘を育てるのは大変だ」と自分に語りかけて、自分に思いやりを示したいと言いました。最後に彼女は、「多分、もうそろそろ娘に自分の髪の毛を自分でとかせるように教える時期だと思います」と言っていました。

では、忙しいあなたの生活の中で、スキーマモードは具体的にどのような形で、あなたを助けてくれると思いますか。子どもとのやりとりの中で強い感情が引き起こされるたびに、自動的に反応し、後悔を感じるときには、「闘争・逃走反応」（第1章参照）か、不適応的スキーマモードのいずれかが作動していると考えられます。まずは、それに気づくことが非常に大切です。そのように、ある出来事に反応してしまったときには必ず、何よりもまず呼吸空間法を実践し、自分に思いやりを向けることです。次に「スキーマモードに気づく」実践（以下参照）を、説明に従ってやってみましょう。どの不適応的モードが引き出されたのか、自分の「健康的な親モード」によって、そのモードをどのようにケアしてあげればよいかを理解することができます。

自分の中にある「子どもモード」や、「内在化した親モード」をケアしてあげることによって、自分の育児態度や行動と、子どもへのケアも改善できます。私のマインドフルペアレンティングコースに参加した親の皆さんを見ていると、子どもがかんしゃくを起こすときになぜ自分まで感情的になってしまうのかが急に理解できるようになる、突然のひらめきや悟りを得る瞬間が訪れます。昔から、学習には次の四つの段階があると言われています。「無意識的無能」（できないということに気づいてさえいない状態）、「意識的無能」（できないということに気づき、学習が始まる状態）、「意識的有能」（意識し努力しながら、知識を実践している状態）、「無意識的有能」（すっかり身について、意識しなくてもできるようになった状態）です。親が、自分の中に、「怒る子どもモード」が存在することに気づいた瞬間、無意識的無能から、意識的無能に移り、自分自身や育児スキルを改善し始める準備ができたことになるのです。

怒っているときこそ自分を大切にケアしてあげなければならないことについて、ティク・ナット・ハン（Nhat Hanh. T.）はこう表現しています[5]。

怒りは、泣きわめく赤ん坊のようなものです。赤ん坊には、抱いてなだめてくれる母親が必要です。あなたは、あなたの赤ん坊、つまり怒りの母親です。意識的な呼吸を実践し始めた瞬間から、あなたには赤ん坊をなだめ包み込む母親のエネルギーが生まれます。ただ怒りを受け入れること、ただ息を吸い、吐くこと、これだけで十分です。赤ん坊はすぐに安心します。……怒りを、大いなるやさしさで包み込んでください。怒りはあなたの敵ではなく、あなたの赤ん坊なのです。（邦訳44－47頁）

実践

エクササイズ 10.1

自分のスキーマモードに気づく

子どもとのやりとりの中で、子どもの行動をきっかけに強い感情が湧き起こり、その後の自分の行動（過剰な反応をしてしまった、など）に対して良くない思いを抱いたときのことを思い出し、書き出します。この状況から思い出される、自分が幼いときの親とのやりとりについて考え、「子どもモード」や「内在化した親モード」があるかどうか考えてみましょう。もしそうであれば、それに対してどのようにケアしてあげられるかを考えましょう。以下に例をあげます。

きっかけ

■ストレスを強く感じた子どもとのやりとりを書きましょう。

子どもがうるさくして、下の階に住んでいる人からとても怒られた。なのに、夫はまったく無視して、むしろ子どもたちにもっとうるさくしていいとでも言いたげな様子。

自分の行動パターン

■自分の過剰な育児の行動を書きましょう。

うるさくするのはやめなさい、と何度も伝えるが、誰も言うことを聞いてくれない。

自分の子どもの頃の経験

■この状況で、自分が幼い頃のことを何か思い出しますか？

母が長い間病気だったために、私はいつも静かにしていなければならなかった。そのために、たくさんの責任を与えられ、自分のことは自分でしなければならなかった。

スキーマモード

■「怒る子どもモード」「脆弱な（傷つきやすい）子どもモード」「衝動的な子どもモード」や、「要求的な親モード」「懲罰的な親モード」が現れていたら、それについて書きましょう。

傷つきやすい子どもが、母のことを心配し、多くの時間一人で過ごしていた。すごく頑張っても、ほとんど認めてもらえず、注意を向けてもらえなかった。

私に必要なこと

■自分の内にある「子どもモード」や「内在化した親モード」をどのようにケアしてあげられますか。

独りぼっちのように感じるが、そうではない。下の階の人との問題を解決できるように、夫は助けてくれるだろう。自分は傷つきやすいと感じるので、彼に助けてくれるように頼んでみよう。

エクササイズ 10.2

家族の中で、マインドフルネスの日を過ごす

家族の中で普段通りに過ごす中で、丸一日できる限りマインドフルに過ごしてみることで、マインドフルネスを自分の毎日の決まりきった生活や親としての役割に組み入れることができます。

マインドフルネスの日は、ユダヤ教の安息日と共通する部分があります。私の家族がロンドンに住んでいたとき、ユダヤ人の友達が私たちを家に招待してくれたことがありました。安息日には働くことが禁じられているため、彼らは安息日の前の晩にすべてを準備していました。友人や子どもたちは庭にいて、話したり、草の上で遊んだり、ボードゲームをしたり、サッカーをしたりしていました。両親は二人ともリラックスしていて、オープンでした。用意されたおいしい料理をみんなで楽しみました。テレビも電話も新聞もコンピューターもなく、子どもたちが友達の家に遊びに行きたいときは、電話はできず、そこまで歩いていかなければなりませんでした。機械的な移動手段は許されていなかったからです。平安と一致、温かさと時間がずっと続く感覚に包まれていました。私たちはとても歓迎されているのを感じ、ロンドンの喧騒の中でこのような静けさを味わえること

に驚き、他の予定をとりやめて、そこで一日を過ごしました。

家族と一緒に過ごすことができ、何の責任も約束もない日を一日選んでください。週末が最も適しているでしょう。あらかじめパートナーに、自分がマインドフルネスの日を過ごすつもりであることを伝え、簡単にどんなことをするのか、パートナーや家族にどんなふうに助けてほしいかを簡単に説明します。子どもにどこまで伝えるかは、子どもの年齢によって変わってくるでしょう。

マインドフルネスの日には、注意をそらすようなテレビ、音楽（自分で楽器を弾いたり、家族が演奏したり歌ったりするのを聞くのは大丈夫です）、新聞、郵便、電子メール、インターネット、電話などから離れます。自分が過ごす部屋にはコンピューターや、テレビ、音楽、電話を置かないようにします。読書や、日頃は家でする仕事も避けてください。アルコールは飲まず、カフェインの入ったお茶やコーヒーなどはいつもより量を減らします。

この日一日、すべてのことをマインドフルに行います。家事を行うときも、禅僧のような態度で行ってみましょう。やろうとしていること（掃除、じゃがいもの皮むき、洗濯など何でも）に完全に集中し、いつものようにできるだけ早く終えてしまおうとはせずに、じっくりと取り組みます。自分が取り組んでいる作業に完全に集中し、それがいかに平凡な作業であっても、疑問に思ったり、なぜ自分だけがやっているのかと思ったりせずに取り組みます。

瞑想やヨガ、マインドフルに食べたり、飲んだりする時間、仕事瞑想（掃除や庭仕事やアイロンがけなどの、ストレスのかからない反復的な仕事）、子どもとマインドフルに過ごしたり、活動をしたりする時間、パートナーとマインドフルに過ごしたり活動をしたりする時間を組み入れて、スケジュールを作ります。以下は一例です。

07:00　朝の静座瞑想
07:45　マインドフルに朝食を準備する
08:00　家族を起こす前に、マインドフルにお茶を飲む
08:15　マインドフルに家族を起こす（最初に少しの間、寝ている様子を観察する）
08:30　マインドフルに朝食を食べ、マインドフルに話し、聞く
09:30　一人で、あるいは家族の一人と1時間散歩する
家族と行くときは、マインドフルに話し、聞くようにし、沈黙の時間もじっくり観察する
10:30　子どもとマインドフルに遊び、一緒に過ごし、話す
11:00　マインドフルに庭仕事をする
12:30　マインドフルにコーヒーを飲む
12:45　マインドフルに昼食を準備する
13:15　マインドフルに昼食を食べる
14:15　昼寝、休憩、瞑想
15:00　子どもとマインドフルに遊び、一緒に過ごし、話す
15:30　マインドフルヨガや他の体を使った活動をしてリフレッシュする（水泳など）
16:15　マインドフルにスピリチュアルな本を読んだり、絵を描いたり、音楽を作ったりする
17:30　マインドフルに夕食を準備する。マインドフルに家族に手伝いをお願いする
18:30　マインドフルに夕食を食べ、話し、聞く

20：00　マインドフルに歩いたり、家族とゲームをしたりする
21：30　夜の静座瞑想
22：15　就寝

文献

［1］Bögels, S. M., & Restifo, K.（2014）*Mindful parenting: A guide for mental health practitioners*. New York: Springer, Norton.

［2］Tanahashi, K.（1995）*Moon in a dewdrop. Writings of Zen Master Dogen*. New York: New Point Press.

［3］Young, J. E., Klosko, J. S., & Weishaar, M. E.（2006）*Schema therapy: A practitioner's guide*. New York: Guilford Press. J・E・ヤング、J・S・クロスコ、M・E・ウェイシャー（著）伊藤絵美（監訳）（2008）スキーマ療法――パーソナリティの問題に対する統合的認知行動療法アプローチ　金剛出版

［4］Young, J. E. & Klosko, J. S.（1994）*Reinventing your life: The breakthrough program to end negative behavior and feel great again: How top break free from negative life patterns*. New York: Plume.

［5］Nhat Hanh, T.（2001）*Anger: Wisdom for cooling the flame*. New York: Riverhead Books. T・ナット・ハン（著）岡田直子（訳）（2011）怒り――心の炎の静め方　サンガ出版

◆訳者付記

本文では読者の読みやすさを考慮し、引用元となる文献［3］の邦訳版とは異なるモード名を使用した。

第11章

生涯にわたって続く育児

完全な愛を持てるようになるには、最初の孫が生まれるまで待たなければならない。

ゴア・ヴィダル（Vidal, G.）

次のような情景を思い浮かべてください。私は歯科クリニックの椅子に座り、口を大きく開けて歯の治療を受けているところです。その歯科医はとても親しみやすく有能で、私は彼女が大好きでとても信頼しています。彼女が治療をしながらおしゃべりを始めました。

私ね、あなたのことインターネットで調べてみたのよ。あなたのマインドフルペアレンティングについてね。もっと早く、娘が小さいときに知りたかったわ。娘が赤ちゃんだったとき、その日の仕事が終わってもまだ帰りたくなくて、もう少し事務処理をしたり、もう一人患者さんに電話してみたりしていたのを思い出したの。仕事は予測可能だけれど、母親業ってまるっきり反対でしょ。娘はもう成人してしまったから、もう遅すぎるわね。

「そんなことはありません！」と叫びたいところでしたが、口にいろんな器具が入っていてできませんでした。実際は、自分の育児に気づいたり、新たな注意を向けて子どもと関わったりするのに決して遅すぎることなどないのです。結局、残りの生涯（あるいはもっと長く）、あなたは親であり続けるのですから。

私が最初にマインドフルペアレンティングコースを教え始めたとき、参加者の多くが、深刻な問題行動が見られる子どもを育てており、中には、犯罪歴、薬物依存症、非常に危険な家族関係を持つ子どもや、学校を退学させられた子どもを持つ参加者もいました。ほとんどの参加者がコース終了後、私に言いました。「このコースをもっと早く受けられたらどんなによかったでしょう。これほど手に負えない状況にならずにすんだかもしれません」と。私たちが、このコースをもっと幼い年齢の、問題行動を持つ子どもたちの親向けに内容を変えたり、赤ちゃんのいる親[2]や、妊娠中のカップル[3]にもこのコースを提供したりしているのはそのためです。

マインドフルペアレンティングトレーナーであり、乳幼児メンタルヘルススペシャリストでもあるエイバ・ポトハースト（Potharst, E.）は、「赤ちゃんと一緒にマインドフルでいる（Being Mindful with Your Baby）」コースを開発し、新米ママのグループと共に瞑想をしています。母親たちは赤ちゃんを連れてコースに参加し、赤ちゃん（何が必要なのか、どんな体験をしているのか、何を伝えたいのか）に十分な注意を向けると共に、自分自身（何が必要なのか、どんな体験をしているのか、調子はどうなのか）にも、注意を向けることを実践します。そうすることによって、子どもと自分自身の両方に注意を向けながら、ちょうど良いバランスをとれるようになっていくのです。

助産師、産婦人科医であり、マインドフルペアレンティングトレーナーでもあるイリーナ・ベリンガ（Veringa, I.）は、出産と育児のためのマインドフルネス（Mindfulness-Based Childbirth and Parenting：MBCP）コースを、強い不安を抱える妊婦とそのパートナーに提供しています。妊婦は妊娠や出産、親としての果たすべき役割についても恐れを抱いているかもしれません。MBCPでは、母親として歩み始める最初の時期からマインドフルペアレンティングを実践できるように助けます。「今、ここ」に、価値判断をせずに注意を向けながら、妊娠、出産、それに続く育児のプロセスで体に起こる変化を認識し、同時に子どもの成長や、子どもとの間で育まれていく関係性、変化するパートナーとの関係性にも同様に意識して注意を向けていくのです。

このように、赤ちゃんが生まれるずっと前からマインドフルペアレンティングを始めることができます。そして幸いなことにその反対も然りで、マインドフルペアレンティングを学ぶのに遅すぎるということはありません。親子関係は生涯発展し続け、親として、また祖父母として、いつの段階においても子どもや孫に価値判断しない十分な意識を向けること、また彼らとの関係を強めることを実践できます。私自身もすでに成長した子どもを通して、今もマインドフルペアレンティングの新たな要素を発見し続けています。特に子どもたちが病気や失業、別れなど、様々な困難に直面している様子を見て心配になることもあります。そのようなときには世話を焼こうとしたり、こうしたほうがいいと（あたかもどうすべきか知っているかのように）口を出そうとしたりします。もちろん、彼らが本当に必要としているのは、彼らの選択や判断を信頼してあげることなのですが、親にとってそれはいつもそう容易なわけではありません。もしも私が子どもを完全な（whole）存在として見て、愛を持って彼らの選ぶままに選ばせてあげられるなら、彼らが私を必要とするときに私の所に戻ってきて、私の見守りや助けやアドバイスを求めてくるだろうと知っています。それは頼まれもしないのに与えるアドバイスとは、まったく違うのです。

私は子離れするために、子どもの選択と自分が必要とすることとの折り合いをつけました。当時17歳だった息子がインドを巡る長い旅に出ました。それは私自身やりたいと思いながら勇気がなくてできなかったことでした。息子は週に一度旅の報告を送ると言い、私はその提案を聞いて、安全も確認でき旅の経験も共有できるので、だいぶ気が楽になりました。（オランダでは、この年齢で子どもが旅に出るのは普通のことで、私は保守的なほうだったのです！）子どもには失敗する機会、失敗から学ぶことのできる時間や空間が必要です。そのうえで私たち親は、子どもたちが必要を感じたときに、私たちを慰めや助けを与えてくれる存在だと信じて頼ってきてくれるのを願うだけです。親から**「だから、あのときそう言ったでしょう」**とは言われないとわかっていなければ、子どもたちは親を頼ってはこないでしょう。

ティク・ナット・ハン（Nhat Hanh, T.）[4]は、仏教の要である「正見」（「正しい見方」、現実に対する明白な理解と自らの行動が引き起こす結果についての洞察）についてこう言っています。

将来子どもたちが苦しむことにつながるとわかっていることをしているのを目にして、我々親がそれを子どもに伝えようとしても、彼らは耳を貸さない。私たちにできるのはただ、彼らの中にある「正見」の種を刺激することだけだ。そうすれば、やがて彼らが困難に直面するときに、私たちの与えた導きから益を得るだろう。ミカンを食べたことのない人にミカンの味を説明することはできない。どれほど上手に表現したとしても直接の体験をさせることはできない。人は自分で味わう必要がある。そうすれば、ほんの一言でも十分なのだ。教師もまた「正見」を伝えることはできない。教師にできるのは、私たちの心の庭に埋められている「正見」の種を自分で見つけさせ、それを使ってみる勇気を持たせ、日々の生活という土壌でその種を育てられるように助けることだけである。しかし、庭師は私たち自身である。私たちは自らの内にある完全な種に水をやる方法を学び、「正見」という花を咲かせなければならない。完全な種に水をやるための道具とは、マインドフルな生き方である。マインドフルに呼吸し、歩き、自分の生活の一瞬、一瞬を生きることなのだ。

マインドフルペアレンティングを始めるのに決して遅すぎることはありません。そして同じように、マインドフルペアレンティングが「修了」することもありません。この旅に終わりはなく、ただ、毎日自分の最善を尽くすだけです。子どもとのやりとりの中で自分にがっかりすることがあっても、それはそれでかまいません。その出来事や思いを心に抱きながら瞑想し、それを眺めながら子どもに意識を向け、自分に思いやりを向け、同じような過ちをしているだろう他の親についても自分の身に置き換えて考えてみます。そしてもう一度子どもとのやりとりを振り返ってそこから教訓を学び取り、次の機会にはもう少しだけうまくやれるようにするのです。

そして何より素晴らしいのは、毎朝が新たなマインドフルペアレンティングの始まりだということです！

実践

エクササイズ 11.1

私のマインドフルペアレンティング計画

毎日の生活にマインドフルネスやマインドフルペアレンティングをどのように組み入れられるかを考えて、最初はごく限られた時間の計画を立てましょう。本書をすべて読み終えて、セルフヘルプコース（自分自身で取り組むコース）として使いたいと思う場合は、毎週、1章ずつ集中して取り組み、そこに書かれていることを実践してみましょう。全部で11週分あります。毎週何回瞑想するか、どこで、どのくらいの時間、どの瞑想に取り組むかについても考えて決めます。具体的であればあるほど、達成できる確率は高くなります。

計画の中に、マインドフルペアレンティングの実践を必ず取り入れるようにしてください。十分な意識を向けて子どもと共に活動したり、家族で自然の中をマインドフルに散歩したりしてみましょう。一日、あるいは数日間、サイレント・リトリート（日頃の喧騒を離れて、静かに瞑想して過ごすこと）に参加したり、ヨガのレッスンを受けたり、正式な瞑想グループに加わったりしてもよいでしょう。他の人と共に定期的に瞑想することは、一緒に運動や、スポーツや、ダイエットに取り組むのと同様に、モチベーションを保つうえでとても役立ちます。

忘れないように、計画を目に見えるところに貼って積極的に取り組みます。計画した期間が終わったら、どうだったかを振り返り、また今後どのように続けていきたいかを考えて次の計画を立てます。

エクササイズ 11.2

思いやりを持って呼吸に戻る

DL Track 09

音声ガイダンスはこちらから▼

これは、自分自身や周りの人たち、例えば子どもたちに対して思いやりを向けられるようになるための短い瞑想です。

文献

[1] Bögels, S., Hoogstad, B., van Dun, L., de Schutter, S., & Restifo, K. (2008) Mindfulness training for adolescents with externalizing disorders and their parents. *Behavioural and Cognitive Psychotherapy*, *36*, 193-209.

[2] Potharst, E. , Aktar, E., Rexwinkel, M., Rigterink, M., & Bögels, S. M. (2017) Mindful with your baby: Feasibility, acceptability, and effects of a mindful parenting group training for mothers and their babies in a mental health context. *Mindfulness*, *8*, 1236-1250.

[3] Veringa, I. K., de Bruin, E. I., Bardacke, N., Duncan, L. G., van Steensel, F. J., Dirksen, C. D., & Bögels, S. M. (2016) 'I've Changed My Mind', Mindfulness-Based Childbirth and Parenting (MBCP) for pregnant women with a high level of fear of childbirth and their partners: Study protocol of the quasi-experimental controlled trial. *BMC psychiatry*, *16*, 377.

[4] Nhat Hanh, T. (2010) *The heart of Buddha's teachings: Transforming suffering into peace, love and liberation*. London: Rider.

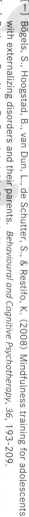

マインドフルペアレンティング　毎日の11の約束

1

飛行機に乗ったときに必ず聞く、「酸素マスクは子どもに付ける前に、まず自分に付けてください」というフライトアテンダントの言葉をいつも覚えていてください。まず自分のケアをせずに、どうやって他の人のケアができるでしょうか。自分自身のニーズを満たすために時間をとることに罪悪感を持つ人は、そういった時間をとることが結局は子どもや家族にとって良い結果をもたらすということを忘れないでください。

2

自分だけの「瞑想の合図」を決めておきましょう。赤ちゃんの泣き声、子どものけんか、パートナーとの言い争い、汚いままの台所など、普段ならネガティブな反応をしてしまいそうなことを一つ選んで、それを目にしたり耳にしたりしたときはいったん立ち止まり、少なくとも一回マインドフルに呼吸します。ゆっくりと十分に息を吸い込み、そしてゆっくりと吐き切ります。それからどうするかを選びます。

❸ 毎朝目が覚めたら起き上がる前に三回マインドフルに呼吸します。あるいは耳を澄ませて、近くの音や遠くの音に全神経を集中させて1分間耳を傾けます。パートナーの呼吸や鳥の鳴き声、子どもの歩く音が聞こえますか。あるいは1分間見る瞑想をしてみましょう。寝室の中の様子やパートナーを、まるで初めて見るかのように観察してみます。

❹ マインドフルに、ビギナーズマインドで子どもを観察します。子どもが起きてくる様子や学校に出かけていく様子、家に帰ってきたときの様子、夕飯を食べている様子や寝るときの様子を観察します。しばらくの間、子どもが持つ素晴らしいところを見つめ、楽しみましょう。心の中で感謝や祈り、願いの言葉を言ってもよいでしょう。

❺ 子どもや他の人とのやりとりの中でストレスを感じるような状況や出来事があったら、座ったり立ったりしているときに椅子や床に体が接している部分にある感覚を感じてみます。呼吸に気づきを向けます。

❻ 子どもが話しかけてきたらマインドフルに耳を傾け、子どもに話しかけるときにもマインドフルに話します。話と話の合間に呼吸します。

7 子どもは、自分より高い権威を持つ存在から送られたパーソナルトレーナーだと考えてみましょう。あなた自身や、子どもや、周りの世界について知る必要のあることすべてを教えてくれるためにあなたのもとに送られました。子どものことや育児で大変だと感じるたびにそれを思い出すようにしてください。

8 子どもを学校や保育施設に迎えに行くとき、そこに着くまでの最後の数歩に十分に注意を向けながら歩き、最後に一瞬立ち止まります。自分の体や呼吸、足の裏が地面に接している部分に注意を向けます。そしてこれから子どもに会い、もう一度子どもとつながるために、今ここにいる準備はできているだろうかと確かめます。

9 家事や買い物をしたり、子どもに食事を食べさせたりするとき、すべてをマインドフルに行ってみます。日々マインドフルな瞬間を少しずつ増やしていけるようにしてみましょう。

10 マインドフルネスを日々の日課に取り入れて、シャワーや歯磨きなど好き嫌いに関係なく行っていることをマインドフルに行ってみます。瞑想する時間が1分でも1時間でも関係ありません。ただ毎日瞑想の時間をとり自分なりの日課を作っていくことです。

そして、最後に……

⓫

マインドフルネスやマインドフルペアレンティングの道を作り、踏み固める決意を新たにするのに、遅すぎることはないということを忘れないでください。次の呼吸はいつもあなたを待っています。そして、あなたの旅路を照らし暗闇を導いてくれる、あなたの子どもとの間で交わされる次の会話、あなたが子どもと共に過ごす次の瞬間は、いつでもあなたを待っているのです。

追加情報

本書の中の一部の章および実践の一部は、『マインドフルペアレンティング―メンタルヘルス専門職者のためのガイド（Mindful Parenting: A guide for mental health practitioners）』（スーザン・ボーゲルズ［Bögels, S. M.］、キャスリーン・レスティフォ［Restifo, K.］著（２０１４）New York: Springer, Norton［邦訳未刊］）の内容と関連しています。

☞ 関連する本書の章

第１章　マインドフルペアレンティング（セッション１）
第２章　自分自身の親になる（セッション２）
第３章　育児ストレス（セッション４）
第４章　親の期待と真の子どもらしさ（セッション２）
第５章　亀裂と修復（セッション６）
第６章　良いときも悪いときも共に子どもを育てる（セッション６）
第７章　境界線を決める（セッション５）
第８章　罪悪感と恥（セッション５）
第９章　愛は盲目（セッション７）
第10章　スキーマ（セッション５）

本書に書かれている、また音声ガイダンスに含まれている一般的なマインドフルネス瞑想は、これまでの瞑想の教師やマインドフルネスプログラム開発者、研究者、特に、「マインドフルネスストレス低減法（Mindfulness-Based Stress Reduction: MBSR）」のジョン・カバットジン、「うつのためのマインドフルネス認知療法（Mindfulness-Based Cognitive Therapy: MBCT）」のジンデル・シーガル、マーク・ウィリアムズ、ジョン・ティーズデールらの深い叡智と彼らが成し遂げてきたことが基になっています。彼らの成し遂げてきたこと、知恵、そしてこの世にＭＢＳＲやＭＢＣＴをもたらしてくれたことに深い感謝を捧げます。彼らが開発した一般的な瞑想をそのまま取り入れることはせず、特に、親の皆さんがいかに忙しいかを考えて最長でも10分にしました。オリジナルの瞑想ガイド、あるいは長いバージョンを試してみたい人は、以下のプログラムをぜひ試してみてください。

『自分でできるマインドフルネス――安らぎへと導かれる8週間のプログラム』
マーク・ウィリアムズ、ダニー・ペンマン（監修）佐渡充洋、大野　裕（翻訳）２０１６　創元社
原典　Williams, M., & Penman, D.（2011）*Mindfulness: A practical guide to finding peace in a frantic world.* London: Piatkus

『うつのためのマインドフルネス実践――慢性的な不幸感からの解放』

マーク・ウィリアムズ、ジョン・ティーズデール、ジンデル・シーガル、ジョン・カバットジン（著）越川房子、黒澤麻美（訳）２０１２ 星和出版

原典 *The Mindful Way Through Depression: Freeing yourself from chronic unhappiness.* Williams, M., Teasdale, J., Segal, Z., & Kabat-Zinn, J.（2007）. New York: Guilford Press.

『マインドフルネス認知療法ワークブック――うつと感情的苦痛から自由になる8週間プログラム』

ジョン・ティーズデール、マーク・ウィリアムズ、ジンデル・シーガル（著）小山秀之、前田泰宏（監訳）２０１８ 北大路書房

原典 *The Mindful Way Workbook: An 8-week program to free yourself from depression and emotional distress.* Teasdale, J., Williams, M., & Segal, Z. New York: Guilford Press.

本書で扱う瞑想の音声ガイダンスは、北大路書房のホームページ（www.kitaohji.com）から無料でダウンロードできます。

〈Track 01〉 呼吸に注意を向ける静座瞑想（10分）

〈Track 02〉 セルフコンパッションボディスキャン（10分）

〈Track 03〉 音と考えに注意を向ける静座瞑想（10分）

〈Track 04〉 呼吸空間法（３分）

音声ガイダンスの無料ダウンロードはこちらから▶

〈Track 05〉 歩く瞑想（10分）
〈Track 06〉 選択せずに気づく瞑想（10分）
〈Track 07〉 ヨガ、マインドフルな動き（10分）
〈Track 08〉 困難と共にある静座瞑想（10分）
〈Track 09〉 思いやりを持って呼吸に戻る（7分）

索引

心からの感謝の言葉

私の娘であり、知恵と悟りを与えてくれる師でもあるライラ・ペロッティ（Leyla Perotti）がこの本をオランダ語から英語に翻訳してくれたことに感謝します。英語の原稿に自ら手を加え、出版まで導いてくれたパビリオン出版のダレン・リード（Darren Reed）に感謝します。素晴らしいマインドフルネスの教師であるトリッシュ・バートレー（Trish Bartley）がこの本のために瞑想ガイド（英語）を録音してくれたことに心から感謝します。

マインドフルネスのパイオニアである、クリストファー・ガーマー（Christopher Germer）、ジョン・カバットジン（Jon Kabat-Zinn）、ニアベイ・シン（Nirbhay Singh）、リエンハード・バレンティン（Lienhard Valentin）、マーク・ウィリアムズ（Mark Williams）から受けたインスピレーションとサポートのおかげで、このマインドフルペアレンティングを開発することができたことに感謝します。臨床および研究の同僚として、マインドフルペアレンティングの臨床開発と研究を行ううえで多大な貢献と実り多い働きをしてくれた、エビン・アトカー（Evin Aktar）、ジャニン・バートマンズ（Jeanine Baartmans）、エド・デ・ブルーイン（Ed de Bruin）、エスター・デ・ブルーイン（Esther de Bruin）、エディー・ブルメルマンズ（Eddie Brummelmans）、リサ・エマーソン（Lisa Emerson）、アナ・フォームズマ（Anne Formsma）、ヨーク・ヘレマンズ（Joke Hellemans）、ルネー・メパリンク（Renee Meppelink）、エイバ・ポトハースト（Eva Potharst）、アンナ・リデリンコフ（Anna Ridderinkhof）、レイチェル・バンダミューレン（Rachel Vandermeulen）、イリーナ・

ベリンガ（Irena Veringa）に感謝します。

また、マインドフルペアレンティングコースに参加してくれ、貴重なインスピレーションを与えてくれた親の皆さんが、私たちを信頼してくれたことに感謝します。マインドフルペアレンティングティーチャーズトレーニングを受講してくれた世界中の専門家の皆さんに感謝します。皆さんは専門家、親、一人の人間として、私に多くのことを教えてくれました。

私の両親であるヨップとナンスが特別な方法で私を育ててくれたおかげで、私は今もたくさんの素晴らしいものを得ています。私のきょうだいであるポール、ガート、コリン、セシルの四人が私を愛し、いつも私と一緒に過ごしてくれ、共に成長してこられたこと、いつまでも遊び、おしゃべりできたことに感謝します。共に暮らしてきた日々をどれほど懐かしく感じていることでしょう。でもまたいつか、そうすることができるかもしれません。私の子どもたち、トーマス、レナータ、そしてライラ、あなたたちの存在が私の人生に意味を与えてくれました。あなたたちと一緒に成長できることは私の特権です！

スーザン・ボーゲルズ

（www.susanabogels.com）

訳者あとがき

スーザン先生は経験豊かな臨床心理の実践家であり、ADHDや自閉症の子どもたちにマインドフルネスを教える取り組みがBBC（英国放送協会）の番組で取り上げられるなど、研究者としても世界的に認められていますが、実はとても「おちゃめな」方です。

2018年6月にアムステルダム大学で開かれた国際マインドフルネス学会で、私は初めてスーザン先生にお会いしました。スーザン先生と精神科医のアナ先生という方の二人で大会長を務めておられたのですが、開会式ではなんと、アナ先生はオレンジ、スーザン先生は白の「ピエロ風」の服装に身を包み、色とりどりの風船を手に、お互いがどれほど「変わった人」であるかをおもしろおかしく紹介し始めたのです。会場は笑いの渦。こんなに温かい自由な雰囲気の学会は初めてでした。

そして、最後の特別講演者であるマーク・ウィリアムズ教授を紹介されたのもスーザン先生でした。ごく短い紹介でしたが、スーザン先生のウィットに富んだ、温かい人柄と、マインドフルネスがほとんど知られていなかった時代から、世界中の研究者や臨床家が集いマインドフルネスを学び、語り合うようになるまでの長い道のりを仲間と共に歩んでこられた絆や堅忍、信念、そして人々への愛を感じました。

私はそんなスーザン先生にとても惹かれました。挨拶をして、機会があれば日本にいらしてくださいとお伝えしたのですが、そのわずか3か月後、奇跡が起こりました。大学で、学生に海外の研究者から直接学ぶ機会を与えるプロジェクトがあるのですが、招へいを予定していた方々が皆来られないということで、ダメもとでスーザン先生を招へいする希望を出していた私に突然チャンスが回ってきたのです。あわてて何度も連絡をとりましたが、数週間経っても返事はなく、とうとう翌日の会議までに承諾が得られなければ、今年の招へいはなし、という状況になっていました。このチャンスを何とか生かして実現させたい、という気持ちをいったん脇において、目を閉じて、静かに瞑想していると、ふと、オランダの学会でお会いした香港中文大学のサミュエル・ウォン教授が、香港にスーザン先生を招待する予定だと話していたのを思い出したのです。名刺を探してメールで状況を説明しました。すると、2時間もたたないうちに、スーザン先生から「メールに気づかなくてごめんなさい。ぜひ日本へ行きたいです」という返事が届いたのです。

そして、2019年1月、スーザン先生は東京大学に来られ、多くの学生が非常に高い関心を示し、講義に参加してくれました。通常の講義は一般公開しても学外参加は数名にすぎないのですが、スーザン先生の講義は毎日多くの方が学外からも参加されました。公開セミナーは、わずか1か月のうちに300人以上の方から申し込みがあり、その中の多くの方がスーザン先生の本を読みたいと言ってくださいました。また、公開セミナーに参加された貝谷久宣先生から紹介していただいて、本書の邦訳を北大路書房で出版できることになりました。一つ一つのご縁に、心から感謝しています。

本書は、頭ではそうしてはいけないとわかっているのに、いざ子どもが言うことを聞かないときに、つい声を荒げてしまったり、怒り過ぎてしまったりするのはなぜなのか、体の中でどういうことが起こっているのか、自分の過去の体験とどのように結びついているのか、それをわかりやすく説明しているので、自分を責める必要はないことがよく理解できます。そのうえで、マインドフルネスを日々の忙しい生活に取り入れていくことで、どんな変化が自分や子ども、家族に起こるか、その道しるべが示されています。子育てする中で自分の小さいときの体験が引き起こされているということに気づくだけでも、自分を癒す道が開けていく場合もあります。私自身本書を訳しながら、自分の子育てや、子どもや家族そして、自分の親や自分自身との関わりを振り返る機会をたくさん得ることができました。多くの気づきがあり、深い慰めや癒しを得ました。声を上げて泣いたこともありました。様々な機会に、お母さん、お父さんとお話しする中で、心身ともに本当につらい思いをしておられる方がたくさんいらっしゃいます。幼い子どもを追いかけてへとへとになっている方や10代の子どもに手を焼く方、子育てはひと段落してもいまだに後悔が残る方、教育や福祉分野で子どもや親を支える専門家の方も、きっと本書から多くの学びや気づきを得ていただけると信じています。

読み進めながら、誰かと一緒に取り組んで、感じたことを書き留め、話し合い、励まし合いながら生活に取り入れていくことで、その効果はさらに大きくなるでしょう。過去がどうであろうと、これからどう生きたいか、どういう人生を送りたいかに目を向けるなら、遅過ぎることはありません。私は、河合隼雄さんの「問題児は家族の革命家」という言葉が大好きです。どの子もそうですが、特に親にとって難しいと思える子は、親や家族を変える使命を持って、私たちのもとに生まれてきてくれました。難しいと思える子を育てるというピンチは、私たちに新しい人に生まれ変わるチャンスを与えてくれるのです。本書は、そのことに気づかせてくれ、それを成し遂げる力と知恵を与えてくれるでしょう。なお、スーザン先生と相談の上、読者にとって読みやすくなるよう少し加筆した箇所もありますので、ご了承いただければ幸いです。

本書の出版にあたり、貴重なお力添えをいただきました貝谷久宣先生、大変温かく力強い推薦のお言葉をお寄せくださいました早稲田大学の越川房子先生ならびに福井大学の友田明美先生、忍耐と配慮をもって支え導いてくださいました北大路書房の若森乾也さんならびに西端薫さん、各章に素敵な絵を添えてくださったマテオ美紀さん、多様な家族の扉を優しく叩くような表紙を創り上げてくださった桐林沙弥さんならびに渡辺隆史さん、邦訳に丁寧に目を通し助言をくださった広海裕子さん、短期間にオランダ語から英語に訳してくださったライラさん、素晴らしい本を深い愛と経験と研究に基づいてこの世に生み出してくださったスーザン先生、そして興味と期待を抱いてこの本を手に取ってくださった皆さんに心からの敬意と感謝を捧げます。

スーザン先生をまた日本に迎え、皆さんと学ぶ機会が一日も早く訪れますように。スーザン先生を日本に招くことができた奇跡が、本書を手にされた皆さんを通して温かい思いやりの波紋となって広がり、たくさんの奇跡が生まれますように。

２０２０年8月　茨城県牛久にて　　戸部浩美

《推薦の言葉》

あなたを慈しみの心で包み、
子どもたちを輝かせる心の術《すべ》、
マインドフルネス。
愛とぬくもりに溢れています。

越川房子氏
日本マインドフルネス学会理事長

育児ストレスを感じる親への
心温まる視点と適切な対応が、
確かな理論と実践に基づいて説かれています。

友田明美氏
福井大学子どものこころの発達研究センター教授

訳者紹介

戸部浩美（とべ・ひろみ）

東京外国語大学ロシア語科卒。四人の子育てと翻訳業をしながら茨城県立医療大学で看護学を学んだ後、親の感情やストレスのマネジメントに役立つ支援方法に関心を持ち、筑波大学大学院修士課程では母親のためのアンガーマネジメントプログラムの効果を参加の前後で比較し、東京大学大学院博士課程では感情調整に焦点を当てた親のレジリエンスを高めるプログラムの効果をランダム化比較試験で調査した。２０２０年現在は、養育態度尺度開発、マインドフルネスを妊娠・出産に取り入れたマインドフルバーシングや育児に取り入れたマインドフルペアレンティングに関する研究、また研究結果を地域に生かすための地域参加型研究や全国各地での講演活動に取り組んでいる。

２０１８年：東京大学大学院医学系研究科博士課程修了（保健学博士）
現　在：石川県立看護大学小児看護学　教授

【主著・論文】

乳幼児精神保健の基礎と実践　アセスメントと支援のためのガイドブック　第2部　発達に影響を及ぼす危険因子と保護因　第6章 うつ病の母親（共著）(pp.85-95.)　岩崎学術出版社　２０１７年

妊娠・出産のためのマインドフルネス（特集　助産師が活用したい、出産・育児のためのマインドフルネス）（共著）助産雑誌 3月号（pp.166-190.）医学書院　２０２０年

Tobe, H., Sakka, M., & Kamibeppu, K. The efficacy of a resilience-enhancement program for mothers in Japan based on emotion regulation: study protocol for a randomized controlled trial. *BMC Psychology, 7*(1), 1-7. ２０１９年

著者について

スーザン・ボーゲルズ（Susan Bögels）教授は心理療法家であり、マインドフルペアレンティングの開発者です。アムステルダム大学教授として、家族のメンタルヘルス、中でもマインドフルネスを専門としています。子どもと親のためのトレーニングと治療のための学術的なセンター、UvA Minds の創設者でもあります。これまで２００本以上の論文を発表し、科学雑誌『*Mindfulness*』の副編集者を務めています。『マインドフルペアレンティング――メンタルヘルス専門職者のためのガイド（*Mindful Parenting: A Guide for Mental Health Professionals*）』〔邦訳は未刊〕（Springer, 2014）の第一著者でもあります。

本書は、スーザン・ボーゲルズ教授がこれまで20年にわたって、マインドフルペアレンティングコースに参加した親と関わり、子どもの発達や精神病理における注意の役割を研究グループとして調査を続ける中で得られた経験に基づいて書かれています。また、ボーゲルズ教授自身が両親に育てられた経験や三人の子どもを育ててきた経験、またマインドフルネスのリトリート（通常の生活を離れて、瞑想をして数日間を過ごす集まり）やトレーニングに参加した経験、そして自分自身がマインドフル瞑想に取り組んできた経験から得た気づきや学びも含まれています。

Photograph by Kee & Kee

忙しいお母さんとお父さんのための
マインドフルペアレンティング
――子どもと自分を癒し、絆を強める子育てガイド

2020年9月20日　初版第1刷発行
2023年6月20日　再版第1刷発行
定価はカバーに表示してあります。

著　者　スーザン・ボーゲルズ
訳　者　戸部浩美
発行所　（株）北大路書房
〒603-8303　京都市北区紫野十二坊町12-8
電　話　（075）431-0361（代）
FAX　（075）431-9393
振　替　01050-4-2083

本文イラスト　マテオ美紀
装　丁　桐林沙弥／デザイン案　渡辺隆史
印刷・製本　（株）太洋社

 ISBN 978-4-7628-3118-8 Printed in Japan